與巴黎出了軌

韓良露——文字
朱全斌——攝影

代序

巴黎的美麗與哀愁

朱全斌（作家、國立臺灣藝術大學傳播學院前院長）

法國是美食天堂，巴黎是浪漫之都，這是深植一般人腦海的印象。但是如果花數十年多次進出，這樣的認知還會保持不變嗎？

我初訪巴黎時才二十六歲，仗著青春的活力，我以背包客之姿寄居在一留學生住的高高閣樓上。那是幢典型十九世紀奧斯曼風格的建築，以前可能屬於某個貴族所有，朋友住在裡面一間原為佣人房，面積大約只有三坪的陋室，我們總要爬大約七、八樓層的窄梯才能到，回到房間時總是氣喘如牛。

時序是寒冷的冬天，我穿著厚重的衣服，每晚縮在隨身攜帶的睡袋裡打地鋪。雖然住得很不舒服，但每天我總能保持著興奮的心情出門。一九八〇年代的當時，歐盟尚未成立，全球化也仍是陌生的名詞，市面上通行的是法郎與法語，用英語真的有些寸步難行。

那時街上沒有麥當勞與星巴克，為了省錢，我經常以卡士達塔（Flan）或法棍夾火腿果腹。除了在拉丁區吃過廉價的大眾食物，不要說星級的米其林料理了，就連像樣的法國餐館都沒進過。

後來我搭上火車，到南方的亞維儂、阿爾、尼斯、坎城與馬賽等地走馬看花了一個禮拜，沿途見識到法蘭西鄉村的富庶、宏偉的歷史建築以及地中海沿岸的明媚風光，便深深地愛上這國家，立下一定要再回來的心願。

再度造訪法國與巴黎已經是十年後，我與良露在新婚後踏上歐遊之旅，這是歐盟成立的前兩年，努力工作了一陣子，這時兩人已小有積蓄，我們也因而得以體驗地道的在地美食與居遊的樂趣。

在巴黎，我們很快就愛上了充滿人文藝術氣息的第六區聖哲曼德佩，而每一次到花都造訪，也一定以這裡的旅館列為首選。區裡密集的餐廳、咖啡館、麵包坊、巧克力店、公園、書店、市場、花店……都是我們認為生活中不可缺少的必需品。

九〇年代中期，因為求學的關係，我們在倫敦住了五年。那時只要一有空檔，我們就會飛到隔著英吉利海峽的法國旅行。這本書大部分的內容都在記錄那段美好的時光。

身為作家的忠實伴遊者，我卻是一個粗枝大葉的食客，當時並不明白為什麼良露在點菜或者挑選餐館時有這麼多的堅持。現在閱讀她的文字，才體會到看似隨性的她，其實在旅途中的每一刻都用著心在選擇、過濾、涵泳與沉澱。她手上經常拿著一本書研讀，每天晚上回到旅館也一定會記筆記。她的執著造就了她的著作等身，而幸虧有這本書，我旅遊記憶中的許多空白才得以填補。

二十世紀末期，我們對巴黎的印象與經驗多是美好的，在歐盟成立之初，觀光客還不多，全球化效應仍不明顯，大財團跨國購併的風潮方興未艾，在樂觀開放的氛圍中，人們變得友善，說英語不再遭逢白眼，庶民社會中原汁原味的生活節奏與趣味十分令人著迷。

然而好景不常，在後來的十多年間，我們仍多次造訪巴黎，卻很遺憾無法重溫當年的美好。許多小店鋪不見了，取而代之的是以招徠觀光客為主的精品店。隨著房價高漲，不但物價愈來愈昂貴，許多本地客人常光顧的Brasserie也改做外國人生意，餐館中一些具有傳統特色的菜也逐漸消失了。

這種令人興今非昔比的喟嘆不單發生在巴黎，也同樣出現在省區（Province），例如良露在重遊普羅旺斯的聖黑米時，就發現原本恬靜清純的小鎮已經變成人煙熙攘的繁華聖地，令人惆悵。

巴黎在良露心目中一直是她世界上最愛的城市，然而在書中我們除了依戀也讀到她的失落。二〇一五年一月，她隨我到比亞里茨參加國際電影節，在極度虛弱的病體下寫下了〈比亞里茨的海洋之味〉這最後遺作。原來準備要在巴黎居遊一個月，卻只住了兩天，就在死神的威脅下不得不倉皇逃離。人生無常，誰能預料到她是用這種方式跟宛若情人的巴黎告別的呢？

歲月是無情的，而幸福是屬於那些懂得把握當下、累積美好記憶的人。我很慶幸自己在年輕的時候就與巴黎邂逅，而在成人期能夠有聰慧的旅伴帶領我一起深入探訪這座美麗城市，並且挖掘整個法蘭西的瑰麗寶藏。這本書載記了我們人生一段燦爛的篇章。美麗國度逝去的風華或許已不可逆，但相信有一天，正如良露所寫的（見163頁），當我又有機會飽嘗一餐黑松露盛宴之後，會再度與之重逢。

目 錄

代序

輯一 情迷豔巴黎

輯二　夢迴法蘭西

輯一

情迷豔巴黎

巴黎美食的回憶

回想起第一次到巴黎，都已經是四分之一個世紀以前的事了，當時我早已對巴黎充滿了美味的憧憬，主要的原因是來自早年看的各種文學，如酗咖啡的巴爾札克（Honoré de Balzac）寫的小說中描繪的法式傳統菜，如左拉（Émile Zola）寫的《巴黎之胃》（*Le Ventre de Paris*）談到的中央市場，如海明威

(Ernest Hemingway)在《流動的饗宴》(*A Moveable Feast*)一書中寫他寫作完一篇小說後去Brasserie Lipp吃醃酸菜香腸醃肉,如費滋傑羅(F. Scott Fitzgerald)的《夜未央》(*Tender is the Night*)中所寫到的巴黎奢華晚宴。

一條叫布奇的小街

我喜歡文學,而文學中關於食物的描繪更讓我難忘,來到巴黎時,我已經是從小就對美食十分熱衷的Foodie了,雖然才二十多歲,但也已經曾在報紙上寫過食經的專欄,也吃過台北、香港、舊金山、紐約、倫敦各地的法式餐館。我對各種法國菜並不陌生,但真正踏上法國的土地,尤其是巴黎，對我仍然是個驚豔的世界，直到二十五年過去了，就在寫作本文的一星期前我才剛從巴黎回台北，即使已經來來去去巴黎快三十多次的我，如今仍然深受巴黎美食的吸引。巴黎對我而言是全世界最棒的美食之都，像一個美麗精采的劇院般，從二十五年前開始的每齣美食的戲碼就讓我陷入愛河，直到今天仍未厭倦，甚至因為我接觸得愈多懂得更多，反而更加迷戀。如今，提筆寫巴黎美食的回憶都像寫情書般心動快樂。

二十五年前，我已經當過電視劇編劇，也算小有積蓄，也捨得比同年代的人敢把錢花在食物上，因為我在巴黎很少買精品服飾皮包珠寶，早年住旅館也挑便宜的住，省下的錢都花在大吃大喝，而當年吃過的一些好東西和好酒，如今可都漲翻天了，我也算把花掉的錢增值在記憶中。

第一次到巴黎，我很巧地就住在巴黎左岸六區聖哲曼德佩（Saint-Germain-des-Prés），一直到現在，這裡就像我的村落，二十五年來每次去都沒換過區，只在區中不同的長巷中住不同星等的旅館。第一次我住在當時還不太有名但如今大大有名的布奇街（Rue de Buci）上，如今這是巴黎有名的美食街，許多精緻的熟食店、海鮮店、糕餅店、乳酪店、巧克力店、冰淇淋店、餐廳、咖啡店、葡萄酒吧等等都開在這條不到五百公尺弧形的小街上，但看過二十五年前的布奇街的人一定記得過去這裡比較庶民和波西米亞，現在比較小資和布爾喬亞。

當時的布奇街上有一家Hotel de Buci，只有五層樓高，舊舊小小的，有點破敗，星等只有一顆，一個晚上的住宿費只要一百多法郎（大約三十多美金），我租下了一整個月，還可以打八五折。但後來這家小旅館被收購，變身為四星精品設計旅館，如今一晚要三百歐元（美金四百元），我曾回去住過幾晚，還是懷念這家旅館曾是灰姑娘的時期，尤其是推開窗戶看到的風景和二十五年前其實差不多時，更對物價的飛漲不習慣。

早年布奇街很平民，街上很多露天攤賣蔬果魚肉，小販會不斷地吆喝，烤雞的香味從早到晚飄盪，賣生蠔的人撬開的蠔殼堆成小丘，擺在路邊的乳酪攤起碼有上百種乳酪，咖啡店內巴黎人都在抽菸（如今巴黎人也很少抽菸了），傍晚時露天座位上擠滿了喝黃昏酒的人。

巴黎的早餐

我一一品嘗眼前看得到、摸得到的一切，這一切美景不再是文學中、電影中的場景，而成為我生活中真實的情境。我一個人過日子，從未感到孤獨更不曾寂寞，因為太多事我想體驗了，早晨我會分別去離旅館不遠的幾家咖啡館用早餐，從較近的調色盤（La Palette）到聖哲曼教堂前的雙叟（Les Deux Magots）和花神（Café de Flore）。當年這些咖啡店也已經沒有作家沙特（Jean-Paul Sartre）、波娃（Simone de Beauvoir）、卡繆（Albert Camus）等人，但咖啡店仍充滿了文化的氛圍，很多本地人會去那看報、寫作，早餐也不算貴。不像現在，一份歐陸早餐要二十歐元，但我每次回巴黎，都還是要分別去報到，實在太喜歡這些店了，就算如今裡面有很多觀光客，這些咖啡店的空間就是很有魔力。過去這些年，這些咖啡店開始賣簡單的食物，還是很貴，但我都會叫來吃，吃少一點就成了，我看隔桌的客人也都這樣，有人中午只叫洋蔥湯配法國長棍麵包，或一份芹菜頭蟹肉沙拉或火腿乳酪荷包蛋三明治等等，再配一杯紅酒或白酒，這樣吃下來，也要快二十幾歐，可以去小餐館吃三道式午餐了。但這裡的食物做得很細緻，最主要是環境的優雅迷人，我曾看一位老年女士中午只叫了一顆水煮蛋和沙拉，看她慢慢地在蛋架上用銀匙敲破蛋殼，細細地挖裡面的半生不熟的蛋黃放入口中，雖然一顆蛋要價三歐元，但此等風雅吃法，只有在花神等咖啡店才看得到。

有時我會在早晨散遠一點的步，到六區過聖哲曼大道（Boulevard Saint-Germain）南邊的聖許畢斯教堂（Saint-Sulpice）前的咖啡店Café de la Mairie，這是許多美國失落的一代的作家最喜歡的地方，那裡到今日仍保持有點破舊簡陋的裝潢擺飾，早年是窮文人、窮學生去的咖啡店，今日當然不是了，但這裡價格漲得還算合理，歐陸早餐十歐元左右。

有時早餐不想花費這麼多，我也會去一些不太有名但一樣迷人的咖啡店站著吃早餐，在盧森堡公園（Jardin du Luxembourg）、奧迪翁劇院（Théâtre de l'Odéon）、索邦大學（Sorbonne Université）鄰近都有不少這樣的比較巴黎庶民會去的店，牛奶咖啡加可頌，站著吃三、四歐元即可，我喜歡一家又一家探訪不同的咖啡店，在每一家咖啡店中都可以找到歸屬的感覺。

有時會前一晚買好食物，第二天早上在旅館吃，精簡時只買巧克力可頌，豪華時還會買鵝肝醬、黑松露醬配長棍麵包，牛奶咖啡則從旅館叫房間服務送來，收費不到三歐元，一大壺可以喝上兩、三杯，在旅館裡吃早餐，早上可以過得更懶些。

老巴黎之味

巴黎的美食，不只是美在食物，更美在環境，全世界沒有任何一個其他的地方比巴黎懂得飲食的美學，像全世界的人大都吃海鮮，但誰像巴黎人那樣吃什錦海鮮冷盤（Plateau de fruits de mer）？雖然什錦海鮮冷盤發源於法國西部布列塔尼（Bretagne），但巴黎的Brasserie和海鮮餐館將之發揚光大，在臨人行道架起的冰檯上，擺放著新鮮的各式生蠔、龍蝦、螯蝦、螃蟹、扇貝、淡菜、小蝦、海螺、錦蛤、海瓜子等等，根據客人的點叫，再放到堆成小丘的碎冰的銀盤上，擺飾成美侖美奐的各式海鮮什錦拼盤。什錦海鮮冷盤如今一年四季都可吃到，但最好的季節還是冬天的十一月到三月，這時生蠔和海鮮的滋味最好。

我沒去巴黎前，就看過作家雷馬克（Erich Maria Remarque）寫《西線無戰事》（*Im Westen nichts Neues*）中的女主角因肺病而了無生趣，在某個寒冷的冬日，卻因吃了半打生蠔而重新恢復生命的元氣。我到巴黎就馬上吃各式生蠔，不管是頂級的吉拉朵（Gillardeau）或阿卡雄（Arcachon）或芬大奇（Fine de Claire）一、二、三等級或貝隆（Huitre de Belon）扁平蠔，都比太平洋大生蠔滋味細緻太多了。我最怕吃肥大的生蠔，生蠔常常愈小愈美味。

巴黎有不少吃生蠔及什錦海鮮冷盤的好地方，我最喜歡去六區的南邊靠十四區的蒙帕納斯大道（Boulevard du Montparnasse）上的Le Dôme，那裡一直是我的首選，Le Dôme還在隔壁另外開了一家頗受好評的海鮮專賣舖，可見得這家近百年的老餐館對海鮮食材的用心。我也很喜歡Le Dôme的布置，吊著老式的紅色絲絨流穗的法國燈籠，以前年輕時覺得有點老氣，現在看卻覺得很溫馨，餐廳裡的座位很擁擠，服務也很巴黎式不夠親切，但這就是老巴黎之味啊！反而不像美國式親切服務的制式和商業化。

Brasserie，**經過時間淬鍊的傳統菜**

從早年到現在，二十五年來我雖然吃遍各種型態的巴黎餐館，從最高級的以賣創意料理為主的餐廳（Restaurant）到以賣各地鄉土菜拿手的小館（Bistrot）到賣法國傳統菜為主的酒館（Brasserie）到以賣葡萄酒和特色小食的葡萄酒吧（Wine Bar或Compotori），再到以兼賣三明治、沙拉、簡餐為主的咖啡店（Café），但我最喜歡的巴黎餐桌經驗還是雙B，即酒館Brasserie和小館Bistrot，為什麼？因為高級餐廳的創意法國菜其他國家（如紐約、東京或香港等）也吃得到，或法國其他城市也不乏米其林兩星、三星的餐館，但巴黎的Brasserie多開在十九世紀末期至二十世紀早期，正是表現植物蔓藤美學新藝術（Art Nouveau）和表現幾何圖形美學的裝飾藝術（Art Deco）的室內裝飾最火紅的時代。除了新藝術之都的南錫（Nancy）之外，法國各地很少有城市比得上巴黎在一八九〇到一九三〇年代的風華，那時期亦是所謂美好時代（Belle Époque）獨領巴黎風騷的時期。

雖然也有些講究米其林星級創意美食的人會批評Brasserie的菜色大都是平庸的大路貨，天天吃一樣的傳統菜膩不膩啊？問題是我們外國人又不是從小到大吃法國傳統菜的人，想吃膩都沒機會，像我吃了二十五年法國傳統菜都覺得吃不夠，怎會膩？更何況我覺得要了解一個國家的料理一定得先從傳統菜吃起，就像吃上海菜不吃紅燒肉，只吃新上海創意菜，哪裡懂得了真正上海菜的精髓啊！

Brasserie賣的都是經過時間淬鍊留下來的法國各地受歡迎的傳統菜，除了布列塔尼的海鮮冷盤外，還會有諾曼第（Normandie）的麥年奶油煎牛舌魚、阿爾薩斯（Alsace）的醃酸菜什錦燻肉香腸、里昂（Lyon）的腸肚包、馬賽（Marseille）的漁夫海鮮湯、奧萬尼（Auvergne）的牛肉牛骨髓蔬菜鍋、土魯斯（Toulouse）的什錦雜肉白豆砂鍋等等，法國人說這些傳統菜其實比較有祖母的味道，比較吃不厭，不像創意菜，吃的時候很新奇，像看一齣很有創意的藝術作品一樣，但藝術不是用來天天過日子的，一兩個禮拜吃一次創意菜就夠了，吃多了會累的，不像傳統菜天天吃都很撫慰，傳統菜是comfort food。

這一回就先寫到這，下一回再好好談我在巴黎二十五年來吃傳統菜的回憶，以及介紹一些既華麗又懷舊的Brasserie酒館。

回憶巴黎小酒館

從二十五年前開始在巴黎把吃喝當成生活大事起，我就有計畫地要吃遍巴黎重要的Brasserie。

但別以為去過巴黎三十來回的我，想達成這樣的任務很容易。巴黎是個太豐富的美食之都了，光是我手冊上列名要拜訪的Brasserie就有百來家，而至今也不過拜訪了不到一半的Brasserie。為什麼會這樣？其實也因為我雖然有百來家的Brasserie名單有待上門，但我天生不是努力完成目標型的人，我喜歡去Brasserie，原因就是好享樂，因此不會讓自己太操勞地去享樂。我又不是美食記者，又沒有人逼我催我非要如何排吃喝行程，因此，儘管有時會一年去巴黎兩、三回，有時兩、三年去一趟巴黎，我都會按自己獨特的旅行節奏安排每天的飲食活動。

養足精神，心閒才能嘗真味

由於我都選擇住在巴黎左岸六區聖哲曼德佩一帶，早餐都會在當地換不同的咖啡館吃，選早餐的地方絕不只是為食物，通常都要找一大早可以讀報、靜心的地方，想想今天要做哪些活動，如果當天又要看美術館又要逛街，估計會太累時，就不會安排去吃大餐，有時中餐只會吃法式三明治，晚餐則找簡樸的賣鄉土家常菜的小館放鬆吃喝。

如果心中有特別想去的Brasserie，尤其是那些列名歷史古蹟保護的大酒館時，我就不會把當天的行程安排得太緊，白天的活動會盡量鬆，例如去公園逛逛，下午到咖啡館讀點書寫點東西，保持心境的優閒。依照我常年品嘗美食的經驗，發發心閒最重要，因此天下最難吃的就是應酬飯，即使是米其林三星廚師也救不了心不閒的食客，心不閒無法靜心，不靜心的人吃不到食物的真味。

除了要心閒外，吃東西也要體力，不可在身體太累情況下安排美食的行程，像觀光團那樣緊湊的午晚餐，就是我最極力避免的。在好好吃一頓飯前，我都會給自己回旅館休息兩、三小時的閒暇，聽聽旅途上自己準備的爵士音樂，夏天洗個冷水澡，冬天泡個熱水澡，再到床上躺躺，寫寫日記。總之，就在自我感覺十分良好的狀態下，想想當天晚上要去名單上哪家Brasserie用餐。

安步當車，愛上聖哲曼六區

早期我的Brasserie之旅，都不離我住的旅館太遠，意思是可以走路抵達酒館，用餐後也可以散步回旅館。我這人在大都市旅行時總有些怪癖，例如說不太喜歡搭地鐵，我在倫敦居住五年，是少見的很少搭地鐵的人，偶爾會坐巴士或計程車，最常的是安步當車。我在台北也是這樣，在上海也這樣。當然，在巴黎也保持一貫的生活風格，因為多以安步當車為主，我選擇的住家或旅館的生活區就很重要。我在台北住的康青龍是眾所周知的台北最好漫步的生活美學區，我在倫敦也選擇住在貝斯華特（Bayswater），去海德公園（Hyde Park）、荷蘭公園（Holland Park）、哈洛德百貨（Harrods）、賽佛吉百貨（Selfridges）或市中心的西町（West End）及唐人街，都只要十來分到三十分鐘不等的步程。

在巴黎選旅館，從二十五年前，我就選定了聖哲曼六區，這裡既優雅又繁華又兼得文化品味與僻靜的需要。我不喜歡住在右岸，一、二區奢華但無生活感；瑪黑區（Le Marais）、蒙馬特（Montmartre）偶爾去玩玩即可，住在那有點混亂；拉丁區（Quartier Latin）太吵雜。十四區也有我喜歡的庶民感，但走到那有點遠，也是偶爾去就好了。

我真愛聖哲曼一帶，十幾年前曾經想在巴黎買房子，也看過這一區，但後來怕麻煩沒買，現在很後悔，日後再有機會也一定買在六區。人的品味真是因人而異，像我認識一些巴黎有錢人都選擇住在十六區，那裡卻是我極度不喜歡的又疏離又過度市儈的地區。

聖哲曼六區還有個好處，我喜歡的Brasserie和Bistrot在這裡有很多選擇，剛好符合我喜歡好整以暇過日子的吃喝方式，因為一直住在這區，雖然名單上還有很多在其他區沒去過的Brasserie，但我卻成為六區幾家著名的Brasserie的老客人。二十五年下來，有的Brasserie是我每次返回巴黎一定不只會去一次重溫舊夢之處，有時想到在巴黎這樣的異鄉城市，都會有讓我懷舊的酒館。想想看，二十五年的時光就這樣過去了，當年我還是二十多歲的年輕旅人，對巴黎充滿憧憬，如今我依然熱愛巴黎，但偶爾也有些傷感，畢竟自己逐年老去，總會想到也許有一天自己就不再會有體力來拜訪這個美麗的城市。這麼想，讓我更加珍惜現在可以在巴黎的時光。

Lipp酒館，什錦拼盤最出名

算算我在巴黎最常去的Brasserie，就屬在聖哲曼大道上的Brasserie Lipp和Vagenende，Lipp可說是巴黎十分典型的Brasserie，首先這家酒館的主人來自阿爾薩斯，是法國傳統啤酒屋的源頭。這家店在早期掛著的是萊茵河畔啤酒屋的招牌，後來轉賣過幾手，但奇怪的是後來老闆不用自己的名字，反而改用創辦者之名Lipp為招牌，且打響了名號。今天著名的Lipp酒館建於一九二六年，其時雖是法國美好時代的尾聲，正是裝飾藝術帶領二〇年代風騷之時，Lipp奢華閃閃發光的鏡面中間鑲著銅邊，幾何圖形的細釉瓷板拼圖，再加上璀璨的吊燈，置身其間立即讓人歡悅起來，也容易引發好胃口。

Lipp因位於聖哲曼有名的文學咖啡館「花神」與「雙叟」的正對面，又鄰近法國有名的伽里馬出版社（Éditions Gallimard），離政府機構也不遠，很快就成為事業有成的政界、文化界聚餐的所在。這裡最出名的傳統菜即阿爾薩斯的酸白菜豬肉、豬腳、煙肉、香腸等什錦拼盤，來餐廳裡二分之一的客人幾乎都會叫這道菜，我也吃了快二十五年，迄今仍然覺得這家老酒館的品質一直保持得很好，尤其冬天的酸白菜做得不鹹不淡，特別清新可口，豬腳不肥不油入口細嫩又有彈性，煙三層肉肉汁口感俱珍，白肉香腸和燻腸配上馬鈴薯好吃極了！

作家海明威也特別喜歡Lipp，在名著《流動的饗宴》中常提起他來此喝啤酒吃香腸，像Lipp這樣的老店，日復一日快一百年都在賣差不多的食物，並不受米其林青睞。米其林的本質其實是媒體，需要報導出奇布新的東西，星級餐廳是新聞，每年發行的米其林新版要有話題。我不否認法式創意菜的價值，可以帶動餐飲界的創造能量，但人幹嘛天天看創意戲啊！在平常日子裡，熟悉的老戲更撫慰人心，對我而言，傳統菜就像傳統藝術，吃你熟悉的滋味，食物裡有懷舊時光的滋味。

我在巴黎當然也吃星級創意菜，但每一回去巴黎，最多只吃一家，一是不耐煩預約，所謂好吃不如想吃，約好吃那家餐館的當天，並不見得正好想吃某種風格的菜。我寧可聽憑胃口臨時決定要吃什麼，還好大部分的Brasserie空間都不小，即使客人很滿，也都還擠得出一兩人的座位。

Brasserie傳統菜≠所有鄉土菜

提到Brasserie以賣傳統菜為主，就必須要解釋什麼是傳統菜，傳統菜有兩個出身，一是來自法國各省各地區的鄉土菜，但傳統菜並不等於所有的鄉土菜，而是指某一地區中較出名也被以巴黎為主的都會接受的名菜，因此一定是各省的名菜，而不是地方上某些有特色但外省人並不見得熟悉的菜色。如果拿中華料理來打比方，Brasserie若賣江浙菜，選的是東坡肉而非像東台藕餅之類的特色菜。因此，Brasserie選的傳統菜，代表過去兩、三百年來最為巴黎大眾知道的地方名菜。

例如賣阿爾薩斯菜，一定有酸白菜什錦肉盤（La Choucroute），但在巴黎通常不會有Flammekueche（想吃洋蔥乳酪培根薄餅得去阿爾薩斯的Brasserie）。如果是勃艮第（Bourgogne）菜，會有勃艮第焗蝸牛、勃艮第紅酒牛肉、紅酒雞，卻不會有紅酒蛋和第戎（Dijon）白斑狗魚或勃艮第芥末兔肉。如果是里昂菜，一定會有洋蔥湯但不會有栗子濃湯，會有里昂熱香腸但不會有鑲豬耳朵，也會有5A的豬腸香腸，但一定不會有鑲鯉魚及里昂式炒小牛肝。Brasserie的普羅旺斯（Provence）菜，一定會有尼斯沙拉、香料燉菜和魚湯，但不會有普羅旺斯奶汁鱈魚、香料鑲西斯特羔羊腿。談到法國西南菜，最容易在Brasserie中出現的是鴨胗、鴨胸肉沙拉、功夫鴨腿、扁豆什錦燉肉沙鍋，但不會有阿爾比（Albi）式牛肚、燉鵝和西南大鱘魚卵。

舉了以上的例子，就是在說明，傳統菜代表的是被大眾（尤其是巴黎人為主）

接納的各省鄉土菜，久而久之，特色鄉土菜就成了大家共同的傳統，等於大家都聽得懂的話，但每一省都還有不少公眾不熟悉的地方菜像方言一樣，而這些較不普及的鄉土菜往往是標榜特色鄉土菜小館Bistrot所專長。

經典創意菜，宮廷名廚發明

傳統菜除了從經典鄉土菜中取經，還有另一個重要的傳統，來自傳統名廚兩、三百年來不斷發明的創意菜。創意菜可以變成傳統，就意味著某些創意不是一時的表現，而是歷久彌新的記憶，過去四十年來法國的新派創意菜也許會有某些菜成為未來的傳統。法國在十八、十九世紀崛起的名廚，通常都有為宮廷和貴族公館工作的經驗，他們的傳統菜較不受各省地方的影響，反而受歐陸奢華飲食傳統的影響，因此某些義大利、英國、奧地利、匈牙利、俄羅斯菜等等就先轉化為法國宮廷貴族菜，再慢慢成為Brasserie中代表名貴的傳統菜。

例如每一家Brasserie都會賣的韃靼生牛肉，就是奧匈菜，而不是法國本土菜。吃煙燻鮭魚當前菜，受的是英國貴族的影響。有名的廚師卡翰莫（Marie-Antoine Carême）發明了蒸牛舌魚和烤蛋白的做法，迄今仍被某些Brasserie沿用。在倫敦待過的名廚愛斯科費（Georges Auguste Escoffier）很自然地把英國當時較細緻的廚房工藝帶回了巴黎，如以較清淡的醬汁取代鄉土菜中濃厚的醬，這點也成為巴黎日後Brasserie之風格，而他發明的蜜桃雪糕（Pêche Melba）也成為Brasserie經典的甜點。

常見的Brasserie菜，一定會有生蠔、龍蝦、螯蝦、扇貝、鱈魚、鮭魚、鵝肝、鴨肝等昂貴的食材，再加上經典的地方菜，某些要經過特別製作熬煮的傳統菜，如發源自奧萬尼地區的燉菜鍋（Pot-au-feu）就不見得每一家酒館都有，像我常去的另一家位於聖哲曼大道上歷史也有近百年的Vagenende，只有每周四才會推出如今被認為最具法國傳統風味的牛骨髓牛肉綜合蔬菜大鍋。也有一些有名但接受度不那麼普及的特色傳統菜，則不見得每家Brasserie都有賣，但卻成為某些Brasserie的特色傳統菜，如燴小牛頭、小牛腦、小牛肝、小牛腰、黑血腸等等，在巴黎一般的Brasserie中不容易見到，但在一些外省的Brasserie，如諾曼第的盧昂（Rouen）、香檳區的漢斯（Reims）、西南的土魯斯等處，有時就會吃到比較不尋常的傳統菜。

食客與裝潢，美食外的樂趣

在巴黎上Brasserie，除了享受食物，還有兩件有趣的事，一是看室內裝潢，幾乎百分之八十以上的巴黎老Brasserie都是受保護的歷史古蹟建築，這些從十九世紀到二十世紀初期建造的Brasserie，大都在一九七〇年代末期至一九八〇年代中期被指定為古蹟。還好當時法國政府做了這樣的決定，如今回頭看這批以路易王朝風格、新藝術、裝飾藝術為主的Brasserie都美極了，現代人絕做不出那麼精緻的工藝，像聖哲曼區的Vagenende、Le Procope、

Le Télégraphe、Lapérouse，拉丁區的 Le Balzar，蒙帕納斯區的 La Coupole、La Closerie des Lilas，舊中央市場區的 Le Petit Bouillon Pharamond、Au Pied de Cochon，巴士底區的 Bofinger、里昂車站的 Le Train Bleu 等等，在這些美如奇觀的 Brasserie 中吃飯喝酒，真的會覺得回到美好時代的美好生活，食物不只是餐盤上的主角，整個 Brasserie 都像座華麗的劇院，食物成了一齣戲。

除了食物、室內裝潢外，巴黎的 Brasserie 另一樂趣是看人，看那些白衣黑褲黑領結的世故侍者不可一世地演出。巴黎的侍者真有型，他們端出餐盤的樣子像端出珠寶一樣盛氣，偶爾還有點淩人，但如果把侍者當成演員，這樣有風格的演出別的地方也看不到。另外，觀看巴黎的食客也是一絕，個個都有老饕的架式，吃飯喝酒的神情很盡情享受，置身其中覺得大夥都成了食物劇場中的一分子。

巴黎Brasserie真是美食家的樂園，不要再迷信去巴黎要吃遍米其林了，千萬不要把美食當工作或炫耀，食物就是享受，要享受不能太累啊！米其林只能偶一為之，不能當生活，就像喝酒，只懂得喝大酒莊名酒的，都是被做精品生意的法國人騙了，真正的法國人的美食美酒享受不在精品世界。

巴黎回味

每個城市都有自己的市民食物，都會成為旅外時最容易想起的鄉愁食物，夏天將在南歐度過兩個月，臨行前在台北吃了牛肉麵、排骨酸菜麵、焢肉飯、水餃、鍋貼等等，預先補充了思鄉之食。

法國國慶日前抵達巴黎，遇到了涼夏，早晚氣溫只有十幾度，不像該有的燦爛明亮的夏日，我私心竊喜能賺得幾日寒涼，回味一些我所思念的巴黎市民食物，例如洋蔥湯、乳酪鍋、酸白菜燻肉香腸、白豆油封鴨等等，這些食物都不適合天氣太熱時享用。國慶煙火結束，氣溫逐日升高，這幾天都在咖啡館吃輕食，巴黎沒有台北常見的各式小食店，賣簡單的麵飯餃粥等，市民想坐下來吃一頓不太貴的簡餐，最常去之處就是咖啡館。咖啡館提供的簡餐大同小異，差別在於豪華咖啡館，同樣的菜名如尼斯沙拉、奧萬尼沙拉會做得精緻時尚，價格也會高出三分之一。

我雖然常來巴黎，但也只能把身分從觀光客變成遊客，偶爾假冒是暫時的住民，尤其在租下短期公寓時，在這些不同的身分間轉換時，我的巴黎味覺體驗也隨之變化。

當觀光客時，會興沖沖地吃米其林星級餐廳、吃蘿朵兒（Ladurée）或皮爾黑美（Pierre Hermé）的馬卡龍、喝安潔莉娜（La Maison Angelina）的熱巧克力配栗子蛋糕、去花神或雙叟喝咖啡等。但不想老是跟滿座的觀光客分享巴黎時，就必須去一些不那麼熱門的遊客場所，像這幾年左岸聖哲曼德佩大熱潮，二、三十年前還有些清幽的村落感。這次我換住到蒙帕納斯墓園（Cimetière du Montparnasse）旁，也是昔日著名的遊客聖地，海明威、畢卡索（Pablo Picasso）、馬蒂斯（Henri Matisse）、達利（Salvador Dalí）都在這一帶活動；西蒙波娃居住的公寓樓下的咖啡館La Rotonde或附近的Le Select，早晨可享有寂靜的時光，價格至少比花神的觀光客價便宜三分之一以上。

離波娃和沙特合葬的蒙帕納斯墓園不遠有家La Liberté咖啡館，仍有勞工階級味，法國哲學家沙特晚年常去，人們問他為什麼不再去花神，他說花神變得太布爾喬亞了。的確，看過花神老照片，就知道以前的花神是左派中下階級的咖啡館。

如今我常常懷念的巴黎味，大都是巴黎市民常吃、而我也吃了近三十年的傳統食物。每回重返巴黎，都會進行一陣子的回味儀式，在Brasserie吃韃靼生牛肉配法式炸薯條，和吉拉朵、貝隆、布列塔尼、諾曼第等地的生蠔，或在咖啡館吃法國地產的煎牛扒配薯條、羊乳酪沙拉、多種生火腿拼盤等。要吃得更像市民，會去小農市集或熟食鋪買熟食。

有些法式家常菜，連咖啡館都不賣，例如胡蘿蔔沙拉、蕪菁沙拉等，雖說都不難烹調，但難在蔬菜要地產地食啊，在台北可以買得到鵝肝醬，但上哪買有法國土地滋味的胡蘿蔔？

我愛在巴黎微醺

也不知道是什麼原因，我在巴黎特別渴，三不五時就像是犯了酒癮似的，到處探頭探腦找wine bar。我在世界其他城市，像義大利，喝酒總跟著大餐，在西班牙上Tapas小館，目的也是吃那幾十樣的Tapas小吃勝過喝一杯又一杯的雪利酒（Sherry）或里奧哈（Rioja），只有在巴黎上wine bar，雖也吃點乳酪、腸肚包、里昂香腸等，但目的卻是品嘗各地的葡萄酒。

有些人喜歡在酒莊試酒，但我並不太愛酒莊的情調，總覺得在酒莊喝酒，研究及工作的意義大過於生活與享樂，因為酒莊乃一地區一家之酒，適合深度品嘗，卻沒有各方英雄豪傑一起在路上醉的風味。

在巴黎 wine bar 喝酒，最好的是大部分的店藏酒豐富，來自法國東南西北的各地大小酒莊的酒齊聚一堂，讓飲者有暫時走入酒林選美之感，尤其很多酒都可以一杯一杯地叫來喝，一天兩餐就算只喝個三、四杯，天天如此，一個月下來也覺得自己肚裡滿腹酒語了。

巴黎市中心本來就有不少家經典的葡萄酒吧，像位於巴黎大堂（Les Halles）的大吊鐘（La Cloche），就是巴黎古老的葡萄酒吧，保持著一大早送葡萄酒桶進城的習俗。早期的葡萄酒桶都存放在如今很熱門的聖埃米利永（Saint Emilion，也稱貝西公園）舊日的葡萄酒庫內，這家大吊鐘酒吧就像古老的葡萄酒棧一樣，裝潢樸實，氣氛熱鬧，還可以大口喝葡萄酒（還有老客人會喜歡喝加水的葡萄酒），大口吃鄉土小菜，真是乾杯好胃口喲！

在靠近歌劇院一帶的辦公區，有家老店Le Rubis，是上班族最喜歡的邊吃午餐邊喝葡萄酒之處。英美清教徒不作興中午喝酒，但法國人是連吃三明治也要配杯紅白酒的，這家店用有名的寶蓮（Poilàne）鄉村麵包做三明治，當然要配杯葡萄酒了，店內還有里昂式的碗豆配鹹肉，用來搭羅納河谷（Côtes du Rhône）紅葡萄酒最對味。

位於巴士底（Bastille）一帶的Vins des Pyrénées，本來是間老酒館，後改裝為現代的葡萄酒吧，顧名思義，這裡的主力酒是西南酒，每月推薦酒又好喝又實惠。這常常是專業葡萄酒吧的共同優點，因為敢開葡萄酒吧，很少有不懂酒之人，到葡萄酒吧喝酒，之後再跟著買某支好喝的酒，也是酒客的額外收穫，這家酒吧提供南方混合巴斯克風味的小餐點也都十分可口。

位於羅浮宮附近的Juveniles，是高級的老店，葡萄酒的收藏十分豐富，有專業酒窖的派頭，吸引了不少專門來買酒的顧客。願意多花一點錢的酒客若想品嘗一些較昂貴或稀有的酒，來這家準沒錯。當然，這裡下酒的餐點做的也很精緻，特別適合貴客小歇小飲一番。

位於皇家宮殿（Palais-Royal）後面，有家開了三、四十年的不算老也不新的Willi's Wine Bar，老闆Willi光看名字就知道不是法國人，酒吧展現了比較時髦、知性、輕鬆的英法混合風格，食物也是帶著英法混血的創意料理，酒單以多元豐富的羅納河谷酒為主，有近兩百種選擇，愛喝羅納河谷酒的人，這裡是樂園。

位於聖哲曼聖米榭大道交口的L'Ecluse是這一帶頗有名的老葡萄酒吧，展示的是一九二〇美好年代的裝潢美學。店不大，但氣氛很迷人，酒單以波爾多酒為主，沒主意的人不妨就點每日推薦酒，都是好喝公道酒。小菜有乳酪、香腸、鵝肝、鴨肝等等，在吃大餐前來此喝兩杯開胃葡萄酒，是附近五、六區巴黎人的例行黃昏儀式，尤其是星期四傍晚喝黃昏酒更是巴黎人的微醺時光。

我愛在巴黎微醺，不知怎的，小飲的情緒特別高昂，也許因為城市美、胃口好、人風雅。巴黎就是有種讓人想過美好小日子的興致，喝點葡萄酒，這種心願就很容易達成。

會說土話的乳酪

在旅途上看了一本英國文化人類學家葛蘭姆・羅布（Graham Robb）寫的《非典型法國》，對我這個經常在法國旅遊的人實在受益良多。其實我們這些旅人現在所以為的所謂法國，根本是以法蘭西王國的核心巴黎與巴黎近郊（如凡爾賽、楓丹白露等）和香檳區與羅亞爾流域所建構起來的精緻法國，在不到三百年的時間內將各種法蘭西的表徵，從語言、服飾、禮儀到宮廷飲食，幅射狀地推行到全法。

巴黎是法蘭西文明的源頭，巴黎之外的地方都是外省，外省要巴黎化，因此許多外省的大城都要模仿部分的巴黎，而這些外省，在三百年前卻大都是方言林立、部族不一、風俗各異的地區。在《非典型法國》的書中指出，從布列塔尼到諾曼第到普羅旺斯到朗格多克（Languedoc）等地，不僅都有地區方言，還充斥了各種土話，有的偏遠地區隔一個山頭的土話就不同，除此之外，當時的法國還有一些原住民，仍然過著和新石器文明差不多的採集漁獵生活。

三百年的近代化與巴黎的大統一運動，抹去了大部分的非典型法國，剩下的是今天旅人們熟悉的典型法國，大多數土話消失了，方言被遺忘，只剩下頑固的布列塔尼、朗格多克、普羅旺斯地區保存了一些殘存的方言，地方的服飾只在慶典穿著。從文化資產的角度而言，過去三百年法國喪失了許多無形的文化資產，只為了建構一個強大的法蘭西文明。

在法國旅行時，特別會有巴黎就是法國中心的感受，雖然我全法國也四處跑過上百個大城小鎮了，我是個太愛玩的人，總忍不住要去地圖上沒去過的地方。在法國各省跑來跑去，當然也可以說每個城鎮都有不同之處，普羅旺斯、薩伏依（Savoie）、西南、大西洋等等都不一樣，但其間差異卻不像義大利城鎮那麼不同。在義大利，從西西里到羅馬到佛羅倫斯到威尼斯到米蘭到熱內亞，每個地方的差異都很大，而且沒有一個義大利城市可以涵蓋其他城市，不像巴黎就有君臨全法的氣勢。

尤其是幅射狀的TGV高鐵從巴黎出發，我在洛林區（Lorraine）的南錫就體會到這種空間和時間的差距，當我想從南錫去香檳區的漢斯，時間最快的方式（但比較貴）是從南錫坐TGV回巴黎再去漢斯。

法國人的地方認同，不像義大利人還保留了對各個城邦共和國的身分認同，很少會有佛羅斯人一心想去羅馬或米蘭發展，但法國年輕人卻都會想往巴黎跑，這些外省來到巴黎的人又如何保有他們和鄉土的連結呢？

當我站在蒙帕納斯十四區一條庶民的市場街（Rue Daguerre）上有名的乳酪攤Fromagerie Vacroux前，看著這家以賣全法各地超過三百六十五種形狀不一、色澤不同的乳酪，我彷彿聽到這些乳酪正發出無聲的土話，訴說著來自鄉土的氣候、風土、牛羊、牧人、農民的故事。當戴高樂（Charles de Gaulle）說到要統治一個吃兩百五十八種乳酪的民族是多麼艱難的工作時，他其實也指出，法蘭西王國的大一統工作，現在就只剩下乳酪還在說土話，而法國農民會向歐盟抗議對乳酪的製程監管，也是抗拒最後的鄉土防線被攻破。乳酪何其重要，不只是食物，更是法國人最終的鄉土依歸。

法國麵包的五種吃法

每次上巴黎去，總喜歡往在聖哲曼德佩。離蒙帕納斯大街不遠有一條小街，叫「尋找南法」(Rue du Cherche-Midi)，街面不寬，卻很長，是一條老街，因此街上開了不少老店。這些老店以各種食品店聞名，有傳統的巧克力手工作坊、出名的酒鋪、肉鋪、熟食店、乳酪店，還有一家被喻為全法國最好的麵包店，位在「尋找南法」街上八號，叫寶蓮（Poilâne）麵包店。

我住的旅館，離麵包店很近，當我不在旅館用早餐時，一定一大早就到麵包店買出爐不久的牛角可頌吃，這家店迄今仍使用傳統的石磨磨麵粉，及用木柴升爐火聞名。

法國麵包是法國人最自傲的食物工藝，麵包雖然不如葡萄酒或乳酪值錢，但卻最勞心費神，法國人講究吃剛出爐不到一小時的麵包，因此好的麵包店，一天麵包出爐的時間非常密集，而捧場的客人也都願意大排長龍，等待最新鮮可口的麵包。

這家寶蓮麵包店，雖然也供應紐約、倫敦、東京的一流法國餐館，但絕比不上在這家小小不起眼的麵包店內現買現吃。這裡有各種麵包，像長得像奶油圓球的布里歐修（Brioche）、長棍麵包（Baguette）、普羅旺斯有氣孔的平麵包（Fougase）等等，但一般人買得最多的，卻是這家店的名物圓法鍋麵包（Boule）。而這種圓圓鼓鼓的不發酵麵包，是法國農家的正宗麵包，從中世紀就有了。

至於牛角可頌據說發源自維也納，做成新月形是有吃掉土耳其的意思，因為土耳其的國旗是新月，後來因嫁給路易十六（Louis XVI）的瑪麗．安東妮（Marie Antoinette）帶到法國。這位後來上了斷頭台的皇后，聽說法國人沒麵包吃時，竟然問他們為什麼不吃肉？以前聽這個故事，總覺得瑪麗．安東妮很無知，現在才想或許她真的覺得麵包比肉好吃吧！

長棍麵包也是發源於奧地利，如今卻變成法國麵包的代表，也成為法國人的最愛，可以從早餐吃到晚餐。據說長棍麵包有五種吃法，先用眼看麵包外皮是否為金黃色，再用手彈彈麵包皮是否鬆脆，再傾聽手打麵包底部時發出的打鼓聲，再深深嗅聞麵粉烤出的香味，最後才來品嘗麵包的咬勁和淡淡的鹹味及麵香味。

這五種方法乃色、聲、香、味、觸也。

前些時日，在台北為法國在台協會主持一場美食活動，來賓竟然是寶蓮的店東Lionel Poilâne，當我告訴他我在巴黎時常買他的麵包，他竟問我要不要像影星勞勃·狄尼洛（Robert De Niro）一樣，每周由巴黎總店空運麵包到我家中？嗯！聽起來不錯，不過，等我中了樂透後再訂貨吧！

巴黎式出軌

女朋友剛從巴黎渡假回台北，說起她在巴黎遇到的各種不曾實現的豔遇，仍然興奮不已，尤其因為什麼事都沒發生，因此所有不好的可能性都被刪除了，譬如說她不必憂慮遇到疾病帶原者，也沒遇到性變態狂，更沒人財兩失，如今她記得的全是一些充滿誘惑性的邂逅場面。

女朋友說，她走在左岸的聖哲曼大道上，有一個相貌不錯，戴著法式貝雷帽、穿米色風衣，風衣口袋中還插了份《世界報》的男人，走到她身邊，很有禮貌地問她是否有空和他去花神咖啡店喝杯咖啡？這種追求方式，讓女朋友好像重回到高中少女時代走在西門町街頭時遇到的搭訕者。

女朋友在巴黎才一個禮拜，而她至少被五個男人假藉各種理由邀請。女朋友雖然都拒絕了，但並不是完全沒動心，這種心動的感覺讓她覺得自己都變年輕了。女朋友最後說，巴黎真是一座催情的城市。

女朋友的話讓我想到如果有人向天下的旅人調查，哪個城市是旅人心目中最容易發生豔遇的地方，我猜這個答案一定是巴黎。

單身女子走在巴黎街道上，不管她在現實中身分是已婚或未婚，只要她暫時形單影隻，巴黎男人便會假設她當時available，因此，總會有人上前來邀約她去喝杯咖啡，去公園散散步之類。對堅持性別政治正確的女性而言，這些巴黎男人都是唐璜沙文主義者，但對一些仍在乎自己是否有吸引力的女人而言，巴黎的確是最容易滿足虛榮的地方。

巴黎到處充滿誘惑，咖啡館裡穿白衣黑褲的侍者，替你端來一杯咖啡後，還會對你眨眨眼後再離去；麵包店的老闆在遞給你長條法國麵包的同時，總不忘記向你調情地一笑。巴黎男人隨時隨地在尋找機會，女人彷彿是他們的獵物，但其實到了最後，還是女人在挑男人，決定是否要有豔遇的是女人，而在任何一段男女關係中，女人也是那個比較有更多機會背叛及外遇的一方。

最近在看金馬國際影展，看了一部法國電影《聖誕蛋糕》（*La Bûche*），就是有關婚姻中背叛的故事。片中的男性、女性角色，都是對配偶不忠的人，但男人背叛，很容易被女人抓到，因為女人比男人細心敏感，女人背叛，男人卻不容易發現。《聖誕蛋糕》電影中的妻子，幾乎和前夫的每一個朋友都有過關係，但丈夫卻大都被蒙在鼓裡。

最近台灣公布了一份婚姻問卷調查，調查中竟然顯示有百分之三十二的人曾經對配偶不忠，但並未對配偶誠實告知，而其中又以女性發生外遇後隱瞞或成功欺騙配偶的比率比男性高。

看了這篇報導，身邊一些居住過歐洲的中年朋友們開始討論，難道台灣已經變成了「巴黎式出軌」的社會了嗎？

所謂巴黎式出軌，是一種地下式的open marriage，和名正言順的公開婚姻不同在於，男夫女妻並不願公開表示可以接受配偶有外遇或者自己會有外遇，但私底下卻懷疑對方的忠貞也不打算自己要守貞，男女雙方在婚姻中都玩著又扮貓又扮鼠的遊戲。而等到有一天真的那隻貓抓到了那隻鼠後，也不見得一定要一翻兩瞪眼，許多的婚姻並不因為情夫或情婦的出現而宣告瓦解，甚至有的婚姻還因此更能維持下去，因為配偶心有旁騖，反而不把全部心力花在挑剔自家對象身上。

我認識一位住在巴黎高級的十六區的法國女人，丈夫是銀行家，她自己在出版社工作，她說她一向知道丈夫在外有各種階段式的情婦，但她從來不想拆穿，是因為她也有工作上的各種邂逅，她的情夫也不少，從音樂家到插畫家、攝影歸師等等，她偶爾的出軌，是她生命中的煙火，而她丈夫是壁爐中的火。

「為什麼你們兩個中從沒有一個人會想離婚呢？是不是你們都沒遇到願意長相廝守的對象？」我忍不住問道。

女朋友解釋到，她說法國從中世紀開始，就有兩套男女情感的系統，一套是世俗之愛，存在於婚姻的責任之中，另一套是浪漫之愛，只發生於非婚姻的狀態中。她說，中世紀法國的貴族，結婚講門當戶對，但自由戀愛時則不管天長地久這回事，因此談戀愛時往往比結婚自由、盡興。

也因此，迄今法國的布爾喬亞社會中，一直還以存在兩套感情的邏輯著稱，已故的法國總統密特朗（François Mitterrand）終身情婦不斷，但法國人卻可以接受他這種人性的表現。

我曾經認識有些台灣女學生，到巴黎留學後，都曾陷入過不倫之戀的關係，許多苦苦等待對方離開原配的人，最後都是自己離開。而等她們在巴黎待夠久後，也都慢慢地了解而且原諒了那些還留在婚姻中的背叛者。

沒有婚姻，那來出軌及偷情的樂趣？法國天主教徒相信只要向上帝告解，他們做的錯事都可以被原諒，對很多巴黎人而言，婚姻也正是他們的告解室。

巴黎閒逛

我在巴黎活動，大部分時間都靠走路，極少搭地鐵，偶爾坐巴士，我喜歡當閒逛者，可以從六區一路向東走到五區，向西走到七區，向南走到十四區。我愛鑽街巷，愛認地圖，很努力地把巴黎這幾區的區域地圖轉換成腦子裡活生生的行腳記憶地圖，光這樣就可以產生很大的樂趣，不知道自己是否那個前世幹過街道勘查的工作？

我四處漫步，一天走七、八小時樂此不疲，巴黎之美，在漫步中最易發現，各個時期不同風格的建築，幅射狀的大道長街小路窄巷，都保持了不同歷史階段的景觀。巴黎市中心是世界上少數未被現代工業文明大肆摧毀的城市，每一代的人都只是暫居者，懂得延續前人留下的城市紋理。我不是巴黎人，卻依然會為人類文明創造出如此美麗的城市而感動。

到處走時，給自己的犒賞就是坐咖啡館和逛市場。咖啡館是我白日的驛站，一天下來總要去個四、五家，會去每一區知名的經典咖啡館，像十四區的Le Dôme、Le Select等，更常去的一些不知名的老咖啡館，很多都是當地人的店，這些比較庶民的、有點破敗的，收費合理的咖啡館是我行腳旅途中冬日喝熱紅酒夏日喝茴香酒恢復元氣的所在。

前一陣子在十四區的蒙帕納斯墓園旁，去了沙特晚年常去的La Liberté，突然意識到沙特若坐在靠門邊的座位上，剛好可以直直望見墓園的入口，而沙特和波娃就葬在入口不遠處。我坐在La Liberté咖啡館的門口，想著每一個人都要面對的死亡之事，當沙特晚年坐在這裡，遙望他不久後即將入土的墓園，他想的是什麼？

這些巴黎左岸的文人，有個蒙帕納斯墓園也算是死亡後的幸福，離他們生前活動的鄰里都不遠，波娃也住在離墓園不遠的La Rotonde二樓，如今已變成餐廳了，我在那裡用餐，想著人生的快樂何其短促。

這一回特別想到，整個蒙帕納斯在二十世紀所累積的文學與繪畫的創造能量，會不會和這一片土地下廣大的墓園有關？除了地上墓園外，還有地下墓園，這裡安頓了十九世紀初整理出的六百萬柱的骨骸，比今天的巴黎人口還多了一倍，在這裡活動的藝術家們，是不是受地底的某些殘存的意識所影響呢？他們當中是否有某些人的前身就在地底下？

死亡的事不能一直想，還好巴黎有好幾區都有最能提供生之歡樂的市場街，十四區有一條市場街（Rue Daguerre），漫步小路，充滿了平民風情的各式蔬果魚肉乳酪糕餅鋪，和一些百年的老咖啡館、酒館。這裡不像蒙帕納斯大道以出名的美、英和歐陸藝術家為主，在這裡生存的藝術家比較窮，當年日幣還不那麼強勢的日本作家金子光晴就常在這一帶活動。早年我逛市場街，常去五區（拉丁區）的穆夫塔路（Rue Mouffetard），但那裡愈來愈觀光化後，就改成來十四區逛市場街。如今我特別會注意些比我大二、三十歲的老人家，傴僂著身子拖著小菜籃買食物，總會想到二十年一晃眼就過去了，對老年人來說，每日活著最具體的事是否就是食物的採買？這是動物生活最基本的狀態，直到有一天連出門買菜都不成了，我想著這些事，更覺得要好好的把握眼前每一天活著的美好。

巴黎嘆息

在巴黎花神咖啡店裡吃早餐，隔鄰的法國老婦人和我們搭訕，身著優雅銀灰套裝的她，頂著一頭銀灰髮，看來起碼八十多歲了。果然不錯，她說她從第一次世界大戰後不久就出生在花神咖啡旁的公寓中，而她已逝的先生是她的鄰居，還說她這一輩子都沒離開聖哲曼這一帶，是標準的聖哲曼村人。

她說在過去幾十年，幾乎天天早上都會來花神喝一杯咖啡，我們問她難道從不去再走兩步的雙叟咖啡店嗎？她笑說根本走不過去，只要她下樓，走到花神前，每一個熟識的侍者都會和她道早安，她哪裡好意思越過他們走進另一家店呢？

但過去十多年來，她也有些遺憾，因為花神咖啡店如今有個價格委員會，每年開會調整價錢，因此本來習慣在此吃早餐的她，如今也只能改成喝咖啡了。

不管是花神或雙叟，如今都愈來愈屬於觀光客了。首先，戶外的露天座椅幾乎很少巴黎本地人會坐在那招搖，本地人寧願躲在室內。但室內的本地人也愈來愈少了，老婦人也說她的一些老朋友都不來了，因為花神已經沒有那種巴黎人的味道，只剩下像化石般的巴黎式咖啡店的歷史記憶。

雙叟咖啡店也不一樣了，本來露天的座位面對著聖哲曼大道上最古老的巴黎聖哲曼教堂（Eglise Saint-Germain-des-Pres），如今想坐露天座椅的觀光客太多了，竟然還在人行道上加設了一排樹籬，在背對教堂只能望向咖啡館的地方擺放了好幾排露天椅，但這樣的位置完全不符合巴黎露天咖啡店看街看人也被看的開放風情。雙叟為了做生意竟然如此，真讓我為之不堪，而坐在這種位子上的真不是蓋的，大多是日本人及亞洲人（不知是不是被領檯的人欺負才都被帶來這裡）。

近年來每隔一、兩年重返巴黎，都會發現過去喜歡的安靜清雅的領域愈來愈小了，十多年前我都選擇住在聖哲曼一帶的旅館，那時連夏日都滿寧靜，如今我只有冬日才敢住這一帶。當時聖哲曼還有不少小巷頗有波西米亞風味，絕不會見到巴黎右岸的精品大店，但如今精品店都來了，因為聖哲曼也愈來愈布爾喬亞化了。

一條小小的布其小路，本來有不少露天攤販及店家，賣蔬菜、水果、乳酪、烤雞、生蠔、海鮮、麵包等等，現在只剩下兩、三家，都被高房租趕走了，住在附近的老人家，本來出門幾分鐘就可以買到最新鮮的農產，如今只能去冷冰冰的超市買。而開那麼多家精品衣服、皮包店到底對居民有何意義？人是要天天吃新鮮食物的，又不須天天穿新衣。

巴黎愈來愈繁榮，其實巴黎本地人的日常生活品質卻在下降中，本來右岸有個中央市場，左岸有個聖哲曼市場，如今都改成賣服飾了，布其小路及穆夫塔路的露天市場也在縮小規模中，再這樣下去，巴黎人最自豪的食物文化也會走下坡的。

剛從法國西南大城土魯斯回到巴黎的我，尤其覺得巴黎人如果去到了位於土魯斯市中心的雨果廣場（Place Victor-Hugo）看到那個豐盛的蔬果魚肉市場，一定會羨慕極了，更不要說第戎、尼斯（Nice）、艾克斯普羅旺斯（Aix-en-Provence）、波爾多（Bordeaux）等等中等城市的露天市場了。怪不得巴黎的食物水準一直在退步，在法國各地旅行的我，愈來愈發現巴黎常民菜是全法國最不好吃的，巴黎不能只靠米其林精品餐廳充面子，精品飲食不是常民生活。

巴黎仍然是我在世界上最愛的城市之一，但如今我也必須嘆息了。

我的巴黎村落

巴黎不是我的家，但我在巴黎卻有個熟悉的村落。從第一次去巴黎，想起來竟然是四分之一個世紀前的事了，就選上了後來大大有名的一條小路上居住。當時的布奇小路是條市場路，在左岸六區聖哲曼德佩一帶可說是最具有庶民風情的地方，蔬果魚肉乳酪販子一大早就開始吆喝，烤雞的香味從早到晚飄盪，冬日開生蠔的小工在寒風中堆起小丘般的蠔殼，行人拿著長長的棍子麵包，街邊花店一束一束紮好的花朵在黃昏賣得最好。我住在小路中央一間叫布其的一星小旅店，一晚大概只要付台幣七百五，讓我得以安然地在那裡租下一整個月。我住在三樓，打開窗戶坐在斑駁的木頭窗台上，傍晚時總有一組流浪的拉丁街頭藝人在小路上唱著一首又一首的爵士，喝著黃昏酒的顧客塞滿了路邊的露天座椅。

四分之一個世紀過去了，布奇路還是一條迷人的小路，只是迷人的風情從庶民轉向了雅痞，路邊擺攤的小販大都消失了，改成了蔬果魚肉乳酪小店，一些精品的冰淇淋店、麵包店、巧克力店進駐，最明顯的是一星的布其旅店並未改名，但大肆整修後變成四星，如今一晚要一萬多台幣，我曾回去住過幾晚，卻總是懷念從前的灰姑娘。

二十多年來，我在巴黎找地方住，從未離開左岸六區，不住布其小路後，有很長的一段時間，都住在Rue de Jacob上，這條小路上大概有五家二星、三星的小旅館，我一家一家住，久而久之，就暫時把自己當成這一帶的左鄰右舍了。我喜歡這條小路拐進一座小方場，那裡除了有畫家德拉克瓦（Eugène Delacroix）的故居外，還是馬丁・史柯西斯（Martin Scorsese）拍電影《純真年代》（*The Age of Innocence*）的外景地，最後一幕是老去的男主角在巴黎遠遠眺望昔年曾經激情卻不曾發展的心上人。我一直覺得這個地點選得真好，有繁華一角的僻靜，像極女作家艾迪絲・華頓（Edith Wharton）筆下女主角選擇的人生。

住在Rue de Jacob一帶時，早上常去花神和雙叟吃早餐，還認識了住在花神樓上的老婦人，如今她已經逝世了，但我一直記得她告訴我住在花神咖啡館樓上最大的缺點是不好意思去隔鄰的雙叟，如今這兩家咖啡館早餐貴得嚇人，本地人很少去。但我每回來巴黎，至少會分別去一次，像是某種戒不掉的的癮頭，總要對生命中曾經愛戀的事物小哈一下的儀式，也像某種悼念，對過去的巴黎和自己從前的青春懷舊。

就像一隻小螞蟻離不開蟻窩太遠，後來住到調色盤咖啡店附近的Rue de Seine，因為喜歡這家昏暗而華麗的咖啡店，常常坐在裡面發呆感覺時光的流逝，也感覺自己正在一點一點變老。變老最大的好處是內心中也慢慢築起了一座愈來愈堅實的沉靜城堡，可以阻擋世事的紛爭煩囂。

隔了快十幾年的時間，我才從聖哲曼大道的北邊搬到南邊，開始在聖許畢斯教堂附近找小旅館，當時《達文西密碼》（*The Da Vinci Code*）還沒出版，但我早對教堂中的黃銅經線（後來書中稱之為玫瑰線）感到好奇，住到南邊後早餐改去Café de la Mairie吃，這家顯得有些破落的老咖啡館價格比較公道，也還有本地客聚集。

聖許畢斯教堂一帶入夜後比較安靜，有幾條長巷晚上幾無人煙，適合心境上不怕寂寞的人，但這裡的白天卻很有活力。聖哲曼室內市場一半賣精品一半是高檔蔬果魚肉乳酪糕點攤，每每讓我駐足其間幻想在附近買下一間小公寓洗手作羹湯。這裡離盧森堡公園也近，可以天天去公園長椅上看四季樹木換裝，聽聽自己內心的獨白。

Café de Flore
CAFE DE FLORE

CAFE

Bar du Marché
TRAITEUR
TRAI
arché
TACT

Bar du

輯二

夢迴法蘭西

巴約納的巴斯克家常美食

在巴斯克（Basque）的年度慶典前來到法國的巴約納（Bayonne），剛好遇到夏日風暴，亞杜河（Adour）和尼夫河（Nive）交匯的大河上空，布滿烏雲雷雨還有陣陣閃電。在旅館躲了幾小時的雨，天空竟然放晴了，巴約納主教座堂（Cathédrale Sainte-Marie de Bayonne）在城內最高的兩座尖塔上出現了彩虹。有人說過巴斯克人性情極端，沒想到天氣也如此兩極。

巴約納雖是法國巴斯克地區的中心都市，卻是一座人口只有四萬多的小城，小城被兩條河分成了小巴約納、大巴約納、巴約納心三小區。巴約納歷史悠久而複雜，除了是歐洲古老又神祕的民族巴斯克人的世居地，後來也成為中世紀法國西南經庇里牛斯山（Pyrénées）到西班牙的朝聖之路。

巴約納是法國最早製作巧克力的城市，巧克力工坊即猶太人從西班牙帶來的，如今巴約納還以巧克力鋪聞名，我喝了一些巧克力飲料也買了不少現場手工製作的巧克力薄片，這裡的巧克力味道比較像西班牙的古老做法。

巴約納還有另一種飲食文化也受西班牙影響，即聞名於世的粉紅色巴約納生火腿，雖然不如安達露西亞的紅寶石色的伊比利生火腿那麼珍貴，至少已和義大利的帕馬生火腿齊名。如今小巴約納區還有一些手工製作生火腿的作坊，仍然用中世紀流傳下來的製程，選用的仍是附近涼爽的高原上放養的黑上身、黑臂部的高山豬。嗜吃生火腿的我，在餐廳吃、在熟食店買手工現切的回旅館配夏日的蜜瓜、白桃吃。

傳統的巴斯克男人喜歡穿戴紅色，我在教堂外看著穿綠袍的主祭神父身旁的點點紅色，想著巴斯克人可不覺得紅配綠狗臭屁。

巴斯克區旗即紅配綠，因為祭典將到，不少街道上掛著紅綠相間的旗幟。巴斯克料理的核心也是紅椒和綠椒，在小巴約納的傳統巴斯克餐廳裡，我吃著辛辣的巴斯克菜，油醋漬小青椒、麵衣炸綠椒、紅椒塞魚肉餡、紅椒燉雞等，連法式煎牛扒上都要放上烤青椒、烤紅椒。

尼夫河畔的大巴約納傳統市場大堂內，有近二十間店鋪，雖不大卻間間精采，成為我們的美食聖地。巴約納據說也是美乃滋的發源處，市場可以買到各種混合美乃滋的鮪魚醬、魚子醬、青椒醬、馬鈴薯醬等，以及各式各樣的生火腿、香腸。

巴斯克人也許不到百萬人，卻以美食聞名，其實巴斯克物產不豐，卻憑藉一些簡單的魚肉蔬材，培育不少卓越的巴斯克廚師。我在小小的巴約納，明白了這裡的美食核心精神，即從多元歷史中吸取不同的文化養分，巴斯克人、西班牙人、猶太人、英國人、法國人，接受影響再加以變化，再憑著巴斯克人嚴肅執著的美食高度意識，即使是家常菜也可以成為巴斯克美食。

比亞里茨的海洋之味

沒想到突然和法國的巴斯克地區這麼有緣，去年夏天七月才剛去了巴斯克首府巴約納，本來應當順便拜訪搭火車不過十分鐘路程的比亞里茨（Biarritz），但因之後要前往西班牙巴斯克地區的皇家海灘勝地聖塞巴斯提安（San Sebastián），就掠過了法國的皇家海濱小鎮。但因陪同外子參加F1PA

（國際視聽影展），這個至今已舉辦了二十五屆的影展，年年一月中都在比亞里茨舉行，於是這個半年前被我們錯過的地方，這回卻要待上六天。

其實我很早就聽說比亞里茨是個高雅、時髦，生活指數比巴黎還高的海濱休閒渡假勝地，但百聞不如一見，之前我想像中的情景都以蔚藍海岸的海濱城為準，來到此地才發現不是這回事。首先，此處幾乎沒什麼平地，除了沿著大西洋比斯開灣旁的一片平坦的美麗的扇形沙灘外，整座小鎮其實都是高高低低的山丘，怪不得這裡的歷史發展和貿易文化悠久的巴約納很不同，從十二世紀起，比亞里茨就是巴斯克人重要的捕鯨漁村，可以想像當年海灣中鯨魚鮮血染紅海水的景象。

有兩件事改變了這個漁村的命運，一是十八世紀中葉，法國拿破侖三世的皇后尤琴（Eugénie de Montijo）在這座沙灘上蓋了皇家宮殿（如今是有名的五星旅館 Hotel de Palais）。此舉想必是模仿離西班牙邊境不算遠的聖塞巴斯提安沙灘上的皇宮，但因比亞里茨腹地很小，較容易成為封閉性強的皇家特權之地，一時之間，吸引了不少歐洲貴族來此渡假，尤其是英國貴族，維多利亞女王（Queen Victoria）、愛德華七世（Edward VII）都成了這座新興的高級海濱勝地的客人。

在夏天七、八月間，因海洋性氣候，此地常溫是攝氏二十四度左右，非常涼爽，但海水的溫度卻不會太冷。在十九世紀，英國有位醫生發明了海水療法，許多英國上流社會的病人就在此醫生的建議下，專程來此地浸泡海水治療各種疑難雜症，連愛德華七世也在此泡海水治療他的過敏症。這股風潮有如今天的醫療旅遊，也帶動了此地的觀光產業。

但比亞里茨一直知道自己的限制，海灘不大、腹地又小，不可能發展大眾觀光，早期來此的旅客以皇家貴族為主，奠下了此地的上流昂貴品味，這裡不怕別人說貴，剛好可以區隔市場。即使到了今天，全世界早已不流行什麼貴族品味，此地吸引的旅客還是以中上階層為主。

只有三萬人口的比亞里茨，已經不能靠一擲千金的貴族在豪華旅館、豪華賭場的消費支持，這裡如今是高級的休閒住宅和退休養老的勝地（這裡冬天比巴黎暖和），小小的城鎮中有許多風尚時髦的傢飾、服飾、餐館、酒吧等等。雖然此地也是巴斯克地區，卻不像巴約納般充滿巴斯克精神和文化，畢竟十八世紀中就開始的皇家化、國際化風潮，早已改變了此地的文化。

朝向國際，也使得比亞里茨自許為國際文化交流平台，像我們來參加的FIPA就是法國重要的視聽觀摩競賽交易平台，台灣這一年除了公視的節目參展外，台藝大也有四部學生作品參展。

我在比亞里茨感受到的巴斯克之味，主要還是在巴斯克人擅長的美食中。這裡的餐廳不多，大多走高級路線，並不適合平價的旅遊消費者，但這裡平均的飲食水準比巴黎高。巴斯克廚師做菜都有一種認真感，這裡大部分餐廳都強調用的是巴斯克本地的新鮮食材，因此吃一道簡單的沙拉，都覺得生菜很有滋味，比在巴黎許多咖啡館的沙拉好吃，連我們在街上隨便找了一家餐館吃不同於西班牙式的本地的海鮮飯，其中的明蝦、透抽、皇帝魚、鮭魚、鱈魚的食材都很新鮮，也都煎得恰到好處，魚皮酥脆、魚肉嫩活。還有不少巴斯克人擅長的Pintxos酒吧，賣各式講究的小酒食串和生火腿等。

我們也在高級的Hotel de Palais餐館用餐，吃的不是巴斯克料理，但黑松露煨蛋、黑松露燜土雞的風味卻不輸我在法國黑松露之都佩希高所吃。最特別的一次是有天晚上下雨懶得出門，就在影展安排的普通三星旅館內用餐，沒想到卻吃到十分美味的勃艮第紅酒牛肉，比我們在勃艮第首府第戎吃到的毫不遜色。可見此地巴斯克的廚師手藝不凡，該是有在用心做菜吧！

如果說巴約納的巴斯克精神是明顯地表現在鄉土文化之中，比亞里茨的巴斯克精神則隱藏在國際化的融合之中，這似乎是全世界許多城市面對的雙重選擇，你會選擇那條路呢？

普羅旺斯的一天

旅人來過普羅旺斯許多次了，每次落腳在不同的城鎮，也許是梵谷（Vincent van Gogh）發瘋的亞耳（Arles），也許是塞尚（Paul Cézanne）的家鄉艾克斯，也許是碧姬・芭杜（Brigitte Bardot）、溫莎公爵（Duke of Windsor）藏身的聖托貝（Saint-Tropez）。這一次，旅人選了以教皇、亞維儂女人、戲劇節著稱的亞維儂（Avignon）古城。

在曲折的鵝卵石巷道中，旅人覓著了一間小小的旅館，只有六個房間，左鄰右舍都是當地的民家，旅人的房間對著一個天井，可以看到夏天綠葉茂盛的梧桐樹。

旅人沒什麼旅遊的計畫，只想簡單地晃蕩，普羅旺斯對旅人而言，從來不只是一個地名，或是許許多多的城鎮，而是一種生活型態，這種過日子的方式，曾經在世界上許多角落都存在過，卻慢慢被人遺忘了，只有普羅旺斯人特別珍惜著。

旅人睡了一個長長的覺，在隔天清晨五時就起床了，這時的亞維儂是見不著太多觀光客的。旅人走向鎮上的公園，初陽新起，露水剛退，步道上的迷迭香叢發散著初醒的香味，橄欖樹葉伸展著葉脈，吸收著清晨的濕氣，之後再曬一、兩小時的陽光，橄欖葉可就要蜷曲著身子了。

在公園散步了一會，六、七點時正好去鎮上傳聞會做最好吃的麵包坊去買巧克力可頌。這時街上行人仍少，但麵包店中卻聚集了不少人，這些人都是鎮上要起早的勞力者，像替隔壁酒店送啤酒的工人或正要上肉鋪、乳酪鋪開店的主人，買好麵包的人會大剌剌地坐在隔鄰的咖啡店的露天椅上，叫上一杯咖啡歐蕾就沾著可頌吃喝起來。這樣的行徑在巴黎絕對不可，怎可帶外食入店呢？但在普羅旺斯卻是公然的行為，連端咖啡來的女侍都會跟旅人點點頭，說的確隔壁家的麵包很好吃。

坐在普羅旺斯到處種植的梧桐樹下，看著街道兩旁這些高聳挺拔的大樹綠蔭遮天，就讓坐在樹下喝咖啡、吃麵包都成了人間至高的享受。但也別忘了留下一些麵包屑讓飛到桌上覓食的鳥兒吃，鳥兒肆無忌憚地輕啄著時，旅人也正肆無忌憚地打量這時來咖啡館喝上一杯清晨玫瑰紅酒的老人，怎麼這些老人都長著紅通通的鼻子？

散步回旅館時要繞路，而且最好是迷一陣子的路，在老城不按牌理彎曲的巷弄中旅人往往愈走愈遠，但也發現更多有趣的事物，像看到一些觀光客不常發現的有著古老海豚圖像的噴泉，或走過別人後院聞到令人心神蕩漾的薰衣草花香，或看到蔬果店的老闆正像調色大師般安排著他的夏南瓜、茄子、扁豆、無花果等等的擺法。走著走著，迷路的旅人卻奇蹟似地回到了落腳旅館的那一條街上，而旅館對街那家得到三頂廚師帽的餐館正掛上今天的特別菜單。旅人在窗前研究了菜單許久，一邊跟自己的胃口打商量，吃五道從前菜、湯、主菜、乳酪、甜點都是用番茄做的午餐，是不是個好主意？

在旅館床上，看著窗外天井中隔鄰人家在曬被單，曬法也地老天荒得像旅人兒時的記憶一般，都是大聲大氣地用力扯平了白布，讓已經升上天的烈陽充當天然漂白劑般地烘烤一上午就變得乾透發白。旅人決定上午不出城亂跑，八月大城小鎮的車陣最會破壞閒情逸致。翻著手邊的旅遊資料，看到當日正好有一周兩次的大市集，當下見了心喜，於是稍微沖了涼，把一早上散步的內熱氣揮去，換上較清涼的服裝，再拿上一頂草帽，迎接普羅旺斯八月燠熱但燦爛無比的陽光。

市集上早已人聲喧騰，可能是清晨才摘的蔬果五彩繽紛地占據了大部分的攤子，紅色的番茄鮮豔欲滴、紫色的茄子飽滿豐厚、橘色的甜椒玲瓏剔透、綠色的歐南瓜青翠結實，旅人看著這些全未經過冷凍，統統是農人從自家農地上一成熟就採收來販賣的蔬果，馬上覺得口裡就甜了起來。旅人知道這些不亂施肥、長在富生機的農地上的作物一定有著土地和自然相親相愛的味道。

市集上的香草攤子，老遠就散發著新鮮迷迭香、鼠尾草、牛至草、百里香、薄荷、茴香混合在一起的香味，讓人立即回憶起這些香料在加進烤雞、燉肉、蒸魚時的神奇魔力，而把一包一包乾燥的普羅旺斯香草包成了小麻袋，是不得已的做法，就好像把春天原野上的花做成了乾燥花。但旅人還是買了好幾十小包，以供返家後烹調普羅旺斯的回憶時，讓嗅覺與味覺借屍還魂。

販賣野生蜂蜜的人吆喝著他家的蜂蜜最可口，一面用木湯匙請客人嘗試不同的口味，旅人試了薰衣草蜂蜜，想像著是吃了薰衣草花粉的蜜蜂嗡嗡採集而來的。迷迭香蜂蜜甜中帶有淡淡的苦味，當地人認為這是因為迷迭香藍色的小花是聖母瑪利亞的化身，而這淡淡的苦也許是瑪利亞為耶穌掉下的眼淚吧！

普羅旺斯崎嶇貧瘠的石灰岩山地無法放養乳牛，只有黑白兩色的山羊能在荒地上跋涉，因此這裡盛產山羊乳酪，市集上有各種手工製作、小巧玲瓏的圓形乳酪，有包在葡萄葉中的，沾著綠、紅、黃色胡椒粒的，浸過葡萄酒的，帶藍紋的，泡在橄欖油中的，撒上各種香料種子的……光是普羅旺斯一地，就有上百種乳酪。旅人試吃了幾味，豐腴爽滑的口感有如初戀的吻，怪不得嗜吃乳酪的法國人會發展出舌唇並用的法國深吻。

市集上還有攤子賣著自家烤的鄉村麵包，也兼賣上普羅旺斯地區出的橄欖油，旅人最喜歡其中一家叫奧利維公司的產品。不少普羅旺斯人的長子都叫奧利維（橄欖的意思），據說是因為年輕男女都喜歡在橄欖樹下偷情，有了愛的結晶後才結婚，因此就取名奧利維以資紀念。也許奧利維公司出的橄欖油就因為來自愛的結晶，所以特別濃郁香醇。

旅人試吃了一點沾了橄欖油的麵包，心想再撒上點海鹽，再加上剛才看到的新鮮番茄切成片，就是一道前菜，然後再有一盆綜合的普羅旺斯沙拉當主菜，切成細條的西洋芹、胡蘿蔔、筍瓜、茴香莖，沾著黑橄欖鯷魚醬吃，再配上普羅旺斯的玫瑰紅酒，就會是一頓完美的午餐。

旅人想著想著就飢腸轆轆起來，剛才試吃的東西都變成了開胃點心，旅人臨時改變了主意（旅行的樂趣之一就是即興），決定不去吃番茄大餐，而改成在市集上買菜。

買食物時比光看不買要開心多了，而在普羅旺斯市集上小量採購是合乎當地人情的，隨便你挑幾個紅衣蘿蔔球、一把香草、兩支筍瓜、一串葡萄、一個哈密瓜、六粒無花果，攤子主人完全不會用奇怪的眼神看你。這裡的人一向只喜歡買當天就吃得完的食物分量，像家樂福那種大批發的庫存貨，是法國北方工業城不懂美味的人才會做的事。

市集上真是應有盡有，旅人回旅館房間後，攤開所有採購來的食材放在橡木桌上欣賞著，在旅行中能買食物回旅館吃，或擁有一間臨時廚房試做當地菜是旅行一大樂事，其樂絕非餐餐上一流的餐館可比擬的。旅人一面洗洗弄弄、切切擺擺這些食物，一面幻想著在台北也擁有一個普羅旺斯市集，但這當然是做白日夢了。

當旅人正坐在窗前享受自配的普羅旺斯大餐時，聽到天井中的談笑聲，起身一看，有人在樹蔭下擺上了桌子，鮮豔的普羅旺斯花布（這家鋪的是黃底綠葉黑橄欖的圖案）上擺著盤盤碗碗，有人端來了濃郁的像番茄燉肉味道的大鍋，餐桌前的人雀躍地搶食起來。普羅旺斯迄今仍作興回家吃中飯，旅人想起了許久以前的童年，旅人住在新北投小鎮上，那時家家戶戶也習慣回家吃中飯，連公務員中午都有交通車接送回家，只有可憐的中小學生吃蒸便當或等人送便當，而旅人總假冒母親任職的育幼院院童，因為他們可以回院吃午飯，國一時有一次被糾察隊長識破，但他還是放了旅人一馬，而隨後他就開始追起旅人來了。從想著回家吃午飯，再想到少年的戀情，這些都是很遙遠的人事了，現在的人不要說回家吃中飯，好多人連晚飯都是在外解決，食物不再有家的味道，只有餐館的味道，連帶著那種優閒地、在家中吃飯、聊天、沒人催趕的生活情趣也喪失了。

午飯後的小寐也是普羅旺斯人的生活大事，南歐夏日午後的毒太陽是會讓人昏昏欲眠的，與其在街上、店中、辦公室中打盹，不如回家躺在床上好好歇著。但別以為南歐人就睡得比北方人多，他們下午四、五點起床後，可要生龍活虎地耗到深夜兩、三點才再上床，而北方人可能九、十點就掛了。

午飯後，旅人也學當地人在床上躺著，也想著小時候在蟬聲中半醒半睡的往事。那時的夏天，再熱總有南風從窗外吹來，而鋪著大甲蓆的床也總有另一側清涼可供翻身。午後的短寐從來不是真正地非睡不可，總有好多時間聽著蟬聲，看著夏日光影在牆壁上遊走，想著一些無聊卻有興味的瑣事，然後才不知不覺地睡著了……。

旅人再度睡醒時，一時分辨不出身在何處，好久沒有午睡了，而醒來的輕鬆愜意也許久不曾經驗過。看看手錶，才睡了不到一小時，也許正因為短眠，才不像夜裡入睡靈魂常常遊走虛空太久，醒來反而覺得沉重。旅人又賴床了一會，聽著蟬聲漸弱了。在普羅旺斯，夏蟬深受當地人的喜愛，會用黃金打造成蟬的形狀串成項鍊，而做成蟬狀的香包、香皂、香木也處處可見。蟬是夏日的活溫度計，天氣愈熱蟬聲愈猛，當地老人總說一聽蟬聲強弱就可以知道現在氣溫多少。

蟬聲減弱，旅人想那些愛玩法式滾球的男人一定已經聚在硬土方場上玩每天下午的例行遊戲了。在普羅旺斯，每一個大城小鎮荒村都一定有這樣的滾球場，也都一定有一批人每天到球場報到，一邊玩球，一邊閒扯天下事。世人對普羅旺斯人有一個形容，就是「活潑、好動、愛吹牛」，而這項特徵最容易顯現在球場和咖啡館中。

旅人記得鎮上的球場旁有間看來很不錯的咖啡館，午睡剛醒，想著上那喝杯現榨檸檬汁醒醒腦，順便閱讀一下當地拿的旅遊資料。旅人查出法國的占星預言家諾斯查達姆斯（Nostradamus）在附近一個小鎮出生，這點旅人原先並不知道，這個叫聖黑米（Saint-Rémy-de-Provence）的小鎮本以梵谷在這裡的精神病院臨終出名，這兩個人都是旅人很喜歡的人，在此一生一死，不知是否有什麼牽連？

坐在滾球場旁的露天咖啡座上，看到身邊的人都在喝茴香酒，這種帶著八角味道的酒，喝不慣的人一聞就想吐，但卻是希臘、普羅旺斯人的癮頭。旅人臨時起意改叫了茴香酒，因為旅人最喜歡看清澄如水的茴香酒加了水之後，竟然會變成乳白色，在視覺上由水變奶，彷彿魔法一般，令人看了開心歡喜。一邊喝著酒，看著球場上七、八個中老男人玩著球。滾球一定是懶人發明的遊戲，幾個人聚在一塊，先丟出一個木製小球，然後每人輪流把手中的大鋼球往前扔，唯一的技術要求是雙足並立和不能超線，然後球一滾出去，大夥比比誰離小木球最近。這樣的遊戲入門門檻很低，小孩老人都可以玩，也不太需要體力，但卻往往要大費唇舌，因為在比較誰離小木球近時，往往就是吵翻天的時候，每個人各用自己的測量工具、目測、手測、量尺、線軸紛紛上場，每人都怕別人失之毫釐。

每次看這些中老男人玩滾球，旅人都會想到小時候看男生玩彈珠，其實滾球和彈珠很相似，玩心比技術重要，還要很愛混。這些普羅旺斯的男人玩起滾球，常常一玩就玩到黃昏，有時還要太太（通常是在家做晚飯的人）來催回家吃飯，跟小男孩被媽媽叫著回家的情況差不多。

從旅人手邊的旅遊資料看來，離聖黑米鎮上不遠處有一處古蹟，是一九六六年才發現的，這處叫葛儂（Glanum）的古蹟歷史比羅馬帝國還早，其歷史文化的淵源和古埃及較有關係，而古蹟附近又有一條希臘人築的橄欖樹古道，有的橄欖樹還可能是希臘人留下來的種。

旅人對古文明和橄欖樹都很著迷，當下決定回旅館去借腳踏車。從亞維儂騎車去聖黑米並不遠，可以抄小徑，順風馳騁在夏日的田野上。

聖黑米一帶是普羅旺斯橄欖樹最多的地方，當年希臘人就是看上這裡的氣候風土而決定在這廣種橄欖樹。橄欖樹是很奇妙的植物，永遠可以重生，新樹往往長在老樹的枝幹上，因此歷史悠久的老樹都會顯得盤根錯節、老態龍鍾，令人一看就發思古之幽情。而橄欖樹又是最不需要照顧的樹，荒長多年、無人看管的老樹，在自然中依然可以存活，只要剪去老枝，讓新芽重發，第二年就可以長出新的橄欖枝。

葛儂古蹟留下了塔樓、神殿及奇怪的文字，文字迄今無人能解，但從建築的圖案上可看出強烈的異教精神。旅人走在斷壁殘垣的神殿上，感受著這裡的地氣，因為旅人知道古文明時代人們選擇聖地一定先勘查地氣。旅人又想到了諾斯查達姆斯，他誕生在這裡，是不是也和這裡的地靈有關？而梵谷在死前大量畫下的聖黑米的風景，是否也在表達某種神祕的召喚？

落日金色的陽光替銀綠兩色的橄欖葉鑲上了金邊，也將遠方艾庇里山（Alpilles）因風化裸露在外的石灰巨岩染成了淡橘色，旅人緩緩地迎著夏日的微風騎車回亞維儂。旅人一路想著普羅旺斯奇特的魅力，吸引著世界的旅人朝聖般地前來，表面上主要是陽光、風土、食物、人情，除此之外一定還有更重要的理由，才會讓古葛儂人、希臘人都選擇這裡落腳。

回到了旅館，旅人又沖了個澡，洗去一身的泥土汗水氣，肚子也餓了起來，有了騎車的運動量後，旅人決定好好犒賞自己一頓。找到了一處餐桌擺在後院樹蔭下的餐館，叫了普羅旺斯有名的鑲茄子、魚湯和茴香烤魚，一人還喝完了一瓶普羅旺斯粉紅酒。

在普羅旺斯飽餐，很少會有罪惡感的，因為這裡的人雖然天天美食，但卻是全世界排名在前的長壽地區，很多人研究普羅旺斯料理，得出的結論是這裡的人吃大量橄欖油，每餐都喝酒，食物新鮮，而大量使用的香草又多有各種天然的藥用效果。總而言之，上帝一定厚愛這裡的人，既給他們美食，也給健康。

旅人在餐館中沒叫甜點和咖啡，旅人反正不急著回旅館，夜尚未央，還想在普羅旺斯入夜變得有點清涼的夜風中散散步，再找另一家咖啡館坐坐，讓良宵延長。旅人走到鎮上教堂前的廣場，四周仿古的煤氣燈照在梧桐樹上，有一對戀人在樹下擁抱，有人在廣場上作畫，有人在吹長笛，廣場邊的咖啡座都坐滿了人，每一個人看來都十分愉悅，這裡的小孩拿著冰淇淋筒在廣場上奔跑，幾隻狗也湊著熱鬧地跟著小孩跑。

旅人看到一家兼賣手工冰淇淋的咖啡店，坐了下來，叫了無花果、梨子、桃子、檸檬四色口味的冰淇淋盅，覺得快樂極了。這樣的夜色，和這麼多陌生人一起享受著生命的美好，旅人想到自己總會離去，但這裡的居民難道天天過這樣的日子嗎？

吃完了冰淇淋，旅人又叫了入睡前的黑聖水——濃縮艾斯培索咖啡，旅途中何必擔心失眠的問題？有時睡不著反而能欣賞到一些特別的風景，像有一年旅人在義大利的科摩湖（Lago di Como）邊，喝多了濃縮咖啡，一直無法入睡，才坐在旅館向湖的陽台上良久，深深被深夜湖景的神祕所感動，而後還看到了流星雨滑過天邊，輝映在湖面上的奇景。旅人喝著咖啡，一邊在燈下看著帶在身邊的《普羅旺斯解謎之旅》，一本關於中世紀吟遊詩人馬薩布悼念他純純之愛的書。中世紀時，普羅旺斯是吟遊詩人的大本營，詩人歌頌陽光、玫瑰、景色，也歌頌至愛，只有置身在普羅旺斯中，你才知道這些吟遊詩人相信的東西從未曾死去。

旅人在咖啡館看了許久的書，身邊的人有的離去了，但又換了另一批顧客，在旅行中藏身在人群中閱讀，可以同時兼得相聚及獨處的樂趣。普羅旺斯的咖啡館很適合久待，不管坐多久，都不會有人管你，旅人甚至看到另一桌有個老人已經打盹了快一小時了。

夜愈來愈深，旅人感受到腳底升起的冷意，也該回旅館了。旅人走回安靜無人、鋪著圓石子的巷道，窄巷兩邊的石造建築有的還是十五、十六世紀的房子。旅人覺得自己有如走在時空隧道中，如果這時眼前突然出現一個吟遊詩人的幽靈，大概也不用見怪的。但旅人什麼也沒遇到，只遇到一隻黑貓躡手躡腳地跟在身後，牠會是吟遊詩人還魂的化身嗎？

旅人回旅館後，躺在床上，回想今天過的日子，才不過一日，卻彷彿某種永恆的日子一樣。旅人在普羅旺斯的一天，會成為生命記憶中永遠的美好。

聖黑米古文明聖地

彼得・梅爾（Peter Mayle）靠寫普羅旺斯幾本書賺了大錢，但在普羅旺斯除了做房地產及觀光生意之外的人都很恨他，因為他把一個原本遺世獨立、清靜幽索的世外桃源變成了夏日的曼哈頓（或西門町——根據你的經驗而定）。

多年前我在普羅旺斯各地旅行，拜還沒出現彼得・梅爾之賜，我深深愛上了幾個安寧甜美的小鎮，像這回我執意要重遊的聖黑米。我卻忘了旅人重遊舊地就像回頭看自己年輕時的照片般，立即悔不當初——為什麼時光不能停留在往日呢？

當年我對聖黑米大為驚豔為了幾個原因，首先這裡的向日葵花田、鳶尾花田、麥田、橄欖林的景觀讓我明白了為什麼梵谷當年會選擇住到這裡的精神療養院。每天出外寫生的他，一年多的時光成了他一生最多產的創作時期，聖黑米的天空、田野、林地都成了他的心靈標記。

我在聖黑米也得知了普羅旺斯的文明竟然早於羅馬帝國（這點彼得・梅爾並不關心），聖黑米附近在二十世紀才發掘出的葛儂古蹟，其中的塔樓、神像都證明了當地的文明早在西元前六世紀就和古希臘文明相關，這裡的日月神廟反映出異教文明陰陽合一、男神女神共存的宇宙觀，而希臘人廣植的橄欖古道、葡萄園及受古埃及文明影響的香草精油醫療觀，也成為聖黑米獨特的文化傳承。

中世紀時，聖黑米還出了個奇人異士，即占星家諾斯查達姆斯，在黑死病蔓延全法國的時候，他用草藥配方治癒了很多人，奉行草藥療法的普羅旺斯在中世紀的這一場瘟疫中，災情較不那麼嚴重，也是拜當地的民俗中有古希臘、古埃及的異教醫療智慧。

我一直認為聖黑米是地靈人傑之處，在古希臘、古埃及時，選擇聖地時一定會勘查地理風水，沒有特殊的地氣，是不會在此蓋神廟的。梵谷當年是否就在此受到神祕的感召？還有諾斯查達姆斯寫出的占星預言詩，竟然預測出紐約遭受天火攻擊的景象（這個天上的火球原來是九一一的飛機爆炸）。

十多年前我住在聖黑米，小鎮很安靜，入夜後只有一家咖啡館人聲沸騰，更顯出附近的清幽，當時我就想著如果能在普羅旺斯待下，這裡將是我最想住的地方。這裡有新鮮清純的橄欖油、平易近人的好喝紅酒，自然農法栽種的各式香草鮮花可以用來做菜、泡茶，還可以製成精油泡澡。

十多年後我回來了，小鎮卻變成繁華勝地，世界各國及法國各地的旅人都來了，原本在市中心的廣場竟然變成了停車場，許多安靜的手工精油坊變成了精品店，中世紀的石頭民家改成了豪華的精品旅館，聖黑米從隱士之地變成了雅痞之地。

如今，聖黑米令我惆悵失落，還好葛儂依然，因為那裡是保護區，觀光客來來去去，留不下太多痕跡，尤其黃昏後，觀光客一走，古文明聖地又重回天地悠悠。我徜徉在古蹟中心的澡堂，泉池的廢墟之中，想著文明繁華的無常與虛幻，聖黑米已經不是我想留下來的小村鎮了，我的旅人之夢土還得繼續流浪下去。

普羅旺斯小村

回到台北後，午夜夢迴想著夏天的旅行時，最常想到的竟然是那個名不見經傳的小村子布彭（Boulbon）。

說布彭名不見經傳是不得已的，因為的確世界上大部分的旅行書中都不會介紹這個小村，只有米其林的全普羅旺斯一書中有簡短的介紹，說這是個中世紀的交易小村，村中還有十二世紀的古堡及教堂，中世紀時以生產手工的釀酒木桶著稱，如今人口比中世紀時還少，大約五、六百人左右。

布彭小村中什麼都是獨一無二的，有一座種滿梧桐樹的長方形廣場，廣場上有一座噴泉，一座可玩滾球的泥土場，廣場旁開著全村僅存的餐館，只賣早餐及中餐，晚餐連餐館老闆都要保留和自己的家人用餐。

某天我起個大早，去唯一的餐館用法式標準早餐，可頌麵包配牛奶咖啡，但村中老人的早餐卻是一杯白蘭地甜酒，幾位老人喝完酒開始玩起彈珠台，他們玩的彈珠玩具還是五〇年代的老古董。

餐館每天供應的中午定食，都是法式家常菜，洋蔥湯、檸檬雞、煎牛肝、洋芋餅菜等，口味簡單樸實，配一大籃麵包和家常紅酒。

法國各地都有一些不那麼觀光化的家庭小館，在那用餐，常常會喝到滋味還不錯的紅酒，但價格卻便宜得令人不安。其實小館自有來源，他們懂得和不做宣傳的小酒莊固定進貨，大家都有世代做生意的交情，拿到的酒品質往往比大酒莊賣的不便宜的平價酒好多了。

小餐館旁還有一間小雜貨鋪，坐下來喝一杯果汁比從冷藏櫃中拿出的同牌果汁罐還便宜，這點和大都市完全相反，因為小村時間多，不算人工錢，算的是成本，店家從大桶中倒果汁給你（還用玻璃杯裝喔），進價比小罐小瓶便宜。

小雜貨鋪是村民午後的交誼中心，菸草、菸紙、香菸都可零買（我多久沒看過可買一支菸的地方了），多個理由常出門走走，遇見熟人（這裡哪有不熟的村民呢？）還可閒聊，雜貨鋪主人也會和每位來客東扯西聊，好在大家時間都多，不怕多等一會。

除了小雜貨鋪，村子裡人氣最旺之處是清晨的麵包店，每天上午六時，屬於好麵包協會的唯一店家就烘好了新鮮的棍子麵包、可頌麵包等等，幾乎家家戶戶都會派人上門買一、兩條麵包回家，大家一大早在村子中世紀叫大路（Grand Rue）、如今連車都開不進的小巷中相遇，都會大聲互道早安，如果幾天沒看到獨居的老人時，就知道大事不妙了。

村子雖小，但唯一的肉鋪中卻有不錯的牛肉、豬肉、羊肉，而且還兼賣自製的手工肉腸、火腿，唯一的一家現代小超市，經營的手法卻很傳統，竟然還准客人記帳，可以每個月底結一次帳，反正買東西的都是熟客，沒人敢賴帳跑路。

小小超市內，我好奇地數著販賣的蔬菜水果種類，竟然高達三、四十種，可見法國人（尤其普羅旺斯人）多重視吃的品質，平常不賣魚鮮。但有一回我上門發現擺了一個魚鮮攤，賣幾十種新鮮的魚、貝、蟹、蝦，一問才知那天是星期五吃魚日。這是天主教徒的傳統，其實是變相的齋戒（不准吃肉但可吃魚），我問店家有多少客人會遵守這個古老儀式，竟然高達九成的村人都會選擇星期五吃魚鮮（反正平常也吃不到）。

有一天，走在村中唯一的老教堂前，看到圍了一大群人，有人手中執著一束黑旗，原來村中有一老人過身，正要送棺木至村中的中世紀老墓園去。在這小村中，死者也不必離家太遠，因此墓園中大部分的新墳老墳上都鮮花不斷，去墓園散步是村中老人的例行活動（探望自己的舊愛故友以及提早和自己未來的新家熟悉環境）。

小村其實不偏僻，開車到有名的亞維儂只要十幾分鐘，但途中都是葡萄園、果園、橄欖林及山丘（山中還有老修道院），小村自成一局，大多是中世紀的石頭房子，完全不見有擴張的需要。

有幾回從大城開車回小村一片黑暗中，只見小村中發亮之處只有古堡及墓園的燈光，而安靜的小村中，每隔半時及整時會傳來老教堂的鐘聲，夜裡鐘聲短促如低語，但清晨七時的鐘聲卻如同排山倒海的潮聲，覺得整個人都在鐘聲中打轉翻湧。

一直到今天，躺在台北床上的我，都還覺得自己的靈魂仍有一部分留在那小村的鐘聲中。奇異的小村，離現代不遠，卻可以活在古老的氣息裡。

這裡會是我的夢土嗎？

佩希高的異教黑松露

倫敦波特貝羅市場（Portobello Market）裡有一家廚師書店（Books For Cooks），除了專賣世界各地的食譜和飲食寫作書外，也會辦一些美食主題的旅行。十幾年前的冬天，我參加了前往法國西南方佩希高（Périgueux）黑松露採集與品嘗的美食行程。

因為是專業書店辦的旅行，行程很符合愛書人喜歡的方式，不會太緊湊，帶點閒散，可以有充足的閱讀和散步的時光。

我們住在佩希高小鎮裡一棟古老客棧式旅舍，在將近一周的行程中，有兩天上午和黑松露採集有關，一次是跟著母豬的傳統式採集，另一次隨行的是現代化訓練的獵犬，並在鎮上參觀黑松露販賣市集（當年黑松露的價格大約只有現在的三分之一），安排吃頓黑松露蛋捲的午餐和黑松露烤鵝的晚餐，其他的時間就讓我們悠閒地探訪佩希高和在附近的地區小旅行。

佩希高雖是小鎮，卻很奇異地成為收藏法國歷史的珠寶盒，小小的鎮上保存了古羅馬帝國的遺跡（圓型競技場）、日耳曼蠻族入侵的史蹟（諾曼第門）、中世紀的朝聖之路、文藝復興時期的聖浮圖地區，還有一座聖浮圖大教堂

（Cathédrale Saint-Front de Périgueux）。

佩希高的歷史悠久而複雜，二千年來一直是異教文化和基督教文化混合之處，中世紀時期又是異教徒藏身和基督教朝聖客聚集之處，從法國跨越庇里牛斯山前往西班牙的星野之聖地牙哥（Santiago de Compostela）的朝聖之路上最重要的驛站即佩希高。

法國人心目中的三大法國美食即黑松露、鵝肝和生蠔，佩希高的名產就占了兩樣，而生蠔也在離佩希高不算遠的阿卡雄，這三樣美味都在冬天當令，因此傳統的法國人認為耶誕餐桌上若能同時準備這三種食材是最幸福不過的事了。

但耶誕節和黑松露其實是頗對立之事，我曾訪問過以法國黑松露大師聞名於世的名廚侯布雄（Joël Robuchon），聽他說起他小時候（二次大戰後不久），法國人還沒有吃黑松露的文化（就像日本人本來也視鮪魚肚為棄物），當時黑松露的價值和馬鈴薯差不多，農民沒馬鈴薯才吃黑松露。侯布雄說他做黑松露盛宴時總會很大方地給一整顆，因為他不會因價格去衡量黑松露。

為什麼法國人當時不吃黑松露？其實早期大部分法國人在基督教文化盛行的時期和地區都不吃黑松露，因為梵蒂岡教廷視黑松露是惡魔的食物，根本禁止信徒吃。

黑松露是很異教的食物，在人類歷史中最早吃黑松露的記載是古埃及人，之後的古希臘、古羅馬也都吃黑松露。黑松露被認為是有聯結生死的靈力（類似巴西蘑菇的迷幻作用），然而梵蒂岡基督文化最反對的就是輪迴觀。

法國有兩大地區以黑松露聞名，除了佩希高，還有普羅旺斯，這兩處都是異教文化盛行之處，也因此才會有瞞著基督教廷偷偷吃黑松露的傳統。

黑松露至今仍無法人工生產，但這並不代表黑松露是完全野生的，應當說像佩希高和普羅旺斯之所以有野生的黑松露，是因為古代曾經過數世紀的人工培育後轉化的野生品種。

中世紀的朝聖之路本來也有征服異教徒之意，而法國西南原是異教文化盛行之地。有趣的是幾百年下來，佩希高蓋了好多大小教堂，當地也成為天主教文化的重鎮，但嗜吃異教之味黑松露的習慣卻始終不變，甚至還影響了全法國、全世界。對某些食物的迷戀本是人類最強烈的執著之一，也讓我們可以有了用食物來解碼文化的樂趣。

佩希高的聖誕大餐

前些日子看法國電影《聖誕蛋糕》，片中的女主角在為家人準備聖誕大餐時，在開膛剖腹的大火雞中塞滿了鵝肝醬，但因忙著和姊姊講閒話，忘了把桌上已切片的黑松露放進火雞中，但火雞已經縫上了棉針，放進了烤箱，害得女主角懊惱不已。

看這部電影時，讓我想起幾年前我在法國西南部的佩希高小鎮過的聖誕節，以及當時吃的聖誕大餐。

法國人過聖誕節，就像台灣人過農曆年一樣，總是會比平常捨得買一些昂貴的食材。我爸爸過年前總是會上迪化街買魚翅、鮑魚、日本花菇之類的，而法國人愛買的則是黑松露、鵝肝、生蠔、香檳、巧克力等等。

法國人一向認為上天讓黑松露、鵝肝、生蠔的盛產季都在聖誕節前後，是有用意的，這些一年四季都是法國人視為珍饈的食物，遇到了聖誕節時更可吃到食材的時令味，因此平常捨不得吃的人，現在不吃就可惜了。

我選在佩希高過聖誕節也是有道理的，鵝肝、黑松露都是佩希高的名物，生蠔的產地阿卡雄又離佩希高不遠，再加上佩希高附近的林間還盛產冬栗，佩希高巧克力的風評也不錯。佩希高一向以美食之鎮聞名全法，到了聖誕節，更顯出佩希高得天獨厚之處了。

那一夜的聖誕大餐是這樣的：我們先吃了非常新鮮，還帶著海潮鹹味的生蠔做冷前菜，配上了法國人聖誕節必喝的香檳，之後吃用西南方的亞瑪邑白蘭地（Armagnac）微煎的嫩鵝肝當熱前菜，酒則換喝離佩希高不遠的勃艮第酒區的夏多尼白酒，之後吃佩希高有名的油封鵝燉豆子沙拉，再換喝隆河酒區的玫瑰紅酒，接著吃了一小球的薄荷冰霜來醒醒口中的滋味，準備吃下一輪的主菜。佩希高產鵝出名，當然不會吃火雞，聖誕大餐的主菜則是在三公斤的大鵝中塞滿了鵝肝醬和黑松露，再慢慢地放進傳統的柴火爐中火烤，這樣烤出來的鵝，真不輸北京烤鴨。黑松露的香味、滋味，混上了鵝肝的軟滑甜腴，再加上烤鵝的脆皮和香甜鵝肉，真是好吃極了，而我們喝的西南酒區的貝爾傑哈克紅酒（Bergerac），也和這道主菜配合得很好。

主菜之後，再上了一些當地的乳酪來幫助消化，接著吃用新鮮栗子做的栗子慕思當甜點，再配上用秋末的貴腐菌葡萄做的有名的索黛甜白酒（Sauternes）當甜點酒，喝咖啡時則配亞瑪邑的白蘭地，同桌的男客人有人則點上了古巴的雪茄，女客人則吃些黑巧克力。

那頓聖誕大餐從七點半吃到快十點半，美味盡興極了，今年的聖誕節我想在台北家中試著炮製一番，新鮮的生蠔、鵝肝都不難買到，新鮮的松露則要用罐頭的油浸松露來取代了。想到要在家中做這樣的一餐，就開始興奮起來，美食真是可以對生命催情的。

松露之奴

雖然有人說鑽石是女人最好的朋友，但這句話對我可沒效。我平生從不為任何大小鑽石著迷，但有一回，卻為一種號稱黑鑽石的食物嘔心瀝血了好幾天。

所謂黑鑽石，即黑色的松露。法國的松露，屬蕈科，但不像一般菌類，因其傘柄合一，結成一團，小者如雞蛋，大的如女人的拳頭，這種蕈類呈黑色，具有特殊的芳香，因為價格很昂貴，被稱為「黑鑽石」。

黑松露的香味很奇特，單獨煮它，沒有什麼味道，但如果和其他食物共同烹調，卻會施放出濃郁的香味。最簡單的松露料理，即在炒雞蛋時放一些松露屑，會使炒蛋香味四溢，而十分昂貴的松露料理，在煎法國肥鵝肝時，灑下一些松露，即成為法國餐廳中名貴的松露鵝肝，滋味香濃，口感滑腴，真是人間美味。

我一向喜愛松露料理，但在有名的法國餐廳吃松露菜時，常常有荷包大失血之感，而每次吃到的松露都是細屑，從未見過完整的松露球。

有一年冬天，我到法國西南區的佩希高旅行，在下榻的旅館，看到了當地有一種特殊的旅行團，即採集松露之旅，立即讓我十分興奮，馬上報名參加。

我們的採集松露團，在一月上旬一個亮麗的藍天出發，我們一行人到達一個叫庫羅赫（Coulaures）的小村，在一片樹葉凋零的榛木林前，等待我們的是一位頭戴法國貝雷軟帽的老先生，和一頭機伶活潑的豬。

我們一行人就跟著我們的嚮導——老人和豬，走進了林間，只見豬四處嗅聞，突然在一處地面停下，開始用鼻臉、雙足猛掘泥土，這時只見老人立即拋出一袋剝好殼的花生，引開豬的注意，而由老人自己挖掘出土中的松露。

掘出的松露，有如小網球，老人把松露放入提籃中，得等豬吃完花生，再繼續前進。那一個上午，老人的運氣不錯，掘到了六個大大小小的松露。

負責帶我們這團的導遊皮耶先生說，目前用豬來挖掘松露的風俗已經在減少中，有些農人早已改用較忠心的狗了，因為狗不貪吃，挖到了松露，不會像豬一般跟主人搶奪，只是狗的嗅覺雖然靈敏，對松露卻沒有豬那麼準確。

那天中午，我們在庫羅赫小村中，一家以松露料理聞名的小餐館中吃全套松露料理，從松露湯、松露炒蛋吃到松露牛排，吃完餐後，我看到採集松露的老人正準備把今天的收穫，賣給餐廳老闆，我突然心意一動，也湊熱鬧說要買一粒松露回家。

皮耶先生知道我是遊客，提醒我松露必須保濕，才能保存芬芳，而我在旅途中，照顧松露並非易事，但我的心意已被挑起，自然不聽勸，還是執意買下一顆松露，這顆有如雞蛋大小的松露球，如果在巴黎、倫敦的美食店，起碼要六千台幣，但我只花了兩千台幣就買到了。

雖然省下了錢，但接下來我的行程卻成了災難。餐館老闆教我保存松露的祕方，即把松露先包在濕衛生紙中，再包上濕報紙，讓松露保持在濕潤狀態，但是濕紙會因水氣蒸發而變乾，因此我必須每隔五、六小時就換一次紙。

於是，當我從佩希高坐火車回巴黎，再飛回台北途中，一路上我都像個殷勤的僕人般伺候著我的松露大爺。在巴黎旅館中，我出外逛街，每隔五、六小時，一定回旅館為松露換濕紙，連睡覺時半夜都起床為松露添濕。

我做了一個禮拜的松露之奴，才把松露帶回了台北，立即電告諸親友，我帶回了一顆新鮮的松露，準備做松露餐大宴請客。

終於做了一個禮拜松露之奴的我，最後可以翻身了，可以將松露大肆切割削碾一番，讓松露化成千萬香魂，飄盪在我的菜肴之中。

黑松露的心魂

十幾年前的冬天，我到法國西南區的佩希高旅行，那是我第一次見識了奇妙的黑松露。

在此之前，我雖然早已耳聞甚至在巴黎吃過盤中少少如碎屑的黑松露，卻從未看過完整的一整顆黑松露，更別說看過如何從大地上採集黑松露。

但佩希高是法國黑松露最重要的產地，我所下榻的旅館，只在每年十一月至一月間舉辦特殊的黑松露之旅，民眾不僅可以親眼看到採集的過程，還可以到鎮上參觀買賣市集，最後在間善做黑松露料理的小館飽餐一頓。

我所參加的黑松露小旅行隊，只有十人左右，在一月上旬一個亮麗的藍天出發，我們一行人先到達一個叫庫羅赫的小村，在一片樹葉凋零的榛木林前，等待我們的是一位頭戴法式貝雷軟帽的老先生，和一頭機伶活潑的豬。

能看到豬可真稀奇，因為當時大部分採集黑松露的農人都已改用忠心的狗來工作了，因為狗的天性並不愛吃黑松露，只因嗅覺佳，被人們訓練了來聞出黑松露，但豬的本能受黑松露的吸引，雖然比狗更會找到黑松露，但往往主人就得和豬搶奪獵品了。

我們一行人跟著嚮導——老人和豬，走進了林間，只見豬四處嗅聞，突然在一處地面停下，開始用鼻臉、雙足猛掘泥土，這時只見老人立即搬出一袋剝好殼的花生，引開豬的注意，而老人也立即用鏟子剷出土中的松露。掘出的黑松露，有如個乒乓球，導遊皮耶嘆息說太小了，還好後來陸陸續續挖出像嬰兒小拳頭大小般的黑松露，皮耶才露出滿意的笑容。那個上午，老人的運氣不錯，掘到了一整個提籃大大小小的黑松露。

黑松露藏身於大地之中，其實是有記號的，每一年可以發現黑松露的場域往往在差不多的地方，因此採集黑松露可說是世襲的行業，由懂門道的老人指引最快入行，而熟門熟路的人也都會懂得在大地留下一些私人的標記，提醒自己來年注意。

黑松露雖然是野生的，自己採來吃可以，但拿來販賣，政府卻規定要繳稅，但農人那裡肯交這種野外稅，才使得買賣黑松露成為地下黑市交易。

我們回到庫羅赫小村，看到市集上，一些老人提著用布蓋著的黑松露，他們只跟熟客買賣，以免碰到巴黎來的查稅員。在庫羅赫，黑松露市價比巴黎便宜一半以上，除了巴黎的餐廳外，也有老饕級的觀光客專程來買。當時的黑松露，像嬰兒小拳頭大小的約美金五十元，但到這兩年，同樣大小的卻要賣到美金兩百元。

當天中午，我們在庫羅赫的小館中，從黑松露炒蛋吃到黑松露牛排，黑松露奇異而獨特的香氣，據說飽含類似性費洛蒙（動情激素）的氣息，怪不得會引起豬的誤會。

從黑松露之旅後，我似乎就和黑松露結上了緣，有不少機會品嘗黑松露料理，其中最驚人的一次是在澳門，由米其林三星的主廚，被喻為法國黑松露之王的侯布雄親自主廚的黑松露盛宴。

黑松露向來是侯布雄的拿手菜，當天下午在參加盛宴前，我還訪問了侯布雄處理黑松露的祕訣是什麼？侯布雄回答我世界上沒有任何一顆黑松露是完全一樣的，黑松露受生長年分、季節、溫度、濕度、土壤、樹木的影響都不同，因此每顆黑松露都有獨特的生命。

侯布雄還說，因為黑松露如此珍貴，他會依據手上拿到的不同的黑松露的現況，找出最適合表達出這顆黑松露美味的方式。侯布雄強調，在廚房工作的人，都必須殺生，在奪取動物、植物的生命時，為了尊重這些生命，必須要以最好的創造（廚藝），來彌補生命的損失。

那天的晚宴，從各地聚集而來的十位客人，坐在侯布松美食殿堂華麗的圓桌前，等待年度的黑松露盛宴的開始。

包廂內的空氣飄盪著黑松露特殊的薰香，身旁的廚櫃上放了一大籃的黑松露，籃子每一顆的黑松露都散發生命的氣息。

當天的晚宴，我們吃了黑松露豬肉派、黑松露肉末鵝肝千層酥等等，其中最讓我難忘的是先後兩整顆的黑松露，先上場的是用波特紅酒高湯燉煮的黑松露之心，一個人吃一整顆，真是奢華得不可思議，本以為黑松露之心已經擄獲了我的心，接下來卻是更令人驚心動魄的黑松露之魂，一整顆完完整整的，像初生嬰兒的拳頭的黑松露坐在白盤中，上方挖了洞，洞中是雞蛋以及蛋白霜，黑松露和蛋本來就是最經典的搭配（像黑松露炒蛋），但是誰會想到用黑白兩色，恍如黑火山上的白雪的意象來表現？烤過的黑松露，吃來有淮山的口感，但香氣撲人，珍貴的黑松露以如此平凡如馬鈴薯的姿態供人享受，讓黑松露回歸大地的平常心。

我想起侯布雄下午告訴我的一段話，他說，黑松露一直到二十世紀二次大戰後，都只是很廉價的食材，就像日本人曾經把如今貴同黃金的鮪魚肚肉（Toro）丟給貓吃，人只吃鮪魚精肉，以前法國窮人家的小孩也曾把黑松露當馬鈴薯吃。

我看著黑松露之魂，這正是侯布雄美食哲學的展示，不要管食材本身的價格，他對黑松露仍有一份初心，只關心怎麼吃最好吃，就像愛吃黑松露的豬，腦中只有美味，哪有昂不昂貴這回事。事後主辦餐會的主人說，他所付的價格，根本連付一人兩顆黑松露的錢都不夠，侯布雄那個晚上有如電影《芭比的盛宴》（*Babettes Gæstebud*）中的芭比，肯定為了廚藝的表現而賠了錢。

一場黑松露盛宴下來，不管是視覺、胃口、情感、心靈都得到了滿足，沒想到當天晚上卻有更奇妙的事情發生。

喝了好酒、吃了大餐的我們，照以前經驗，晚上一定睡得不安穩，沒想到我卻意外地一夜好眠，而且醒來情緒十分歡欣，一點都沒起床氣。更神奇的是，和我一起用餐的先生醒來後告訴我他一夜有不可思議的怪夢，而且不是普通的夢，是那種被稱為清明夢的夢，就是夢中你可以看到自己，知道自己一半是醒著一半又在夢中的狀態。他看到自己眼前展開了一個巨大的銀幕，銀幕上演出他的前世今生，一場又一場清晰的景象，他飛越過不同的時代，也看到自己幾世的遭遇，在他感受到巨大的悲傷和歡喜的同時，又覺得無比的平靜。

我先生從來不是神神鬼鬼型的人，他說他也從未做過這種夢，發生了什麼事？難道是黑松露的效用，但我為什麼不會？世界上吃黑松露的人那麼多，為什麼別人不會，難道是個人體質不同，還是和吃的分量有關（吃兩顆對我先生夠了，也許我得加倍吃才行）？

回台北後，我查資料，發現人類吃黑松露的歷史源起甚早，美索不達米亞古文明、古埃及文明、古希臘文明都有記載把黑松露當神聖食物吃食的紀錄，但後來的基督教文明卻禁止人們吃，並說黑松露是魔鬼的東西，會不會就因為黑松露有喚起深層潛意識的能力？在法國普羅旺斯的民間傳說中也說黑松露可以讓人回到時間的過去，這種前世今生的說法的確是違反基督教的教義。

黑松露在美索不達米亞的名稱是Kama，正和梵文的業力之音相符，世人常說黑松露有春藥的功能，能喚起性的能量，其實性只是生命能量的低層表現，會不會黑松露喚起的是生命更高層的源頭能量，能帶領人們穿越生死邊界，找回心魂的活力？

原本只是一場黑松露盛宴，如今彷彿變成一場聖宴，上天賜予的大地上野生的黑松露，也許正包含著自然的奧祕與奇蹟。

冬日的香檳旅程

冬日來到法國香檳區的漢斯（Reims），景觀和夏天大不一樣，觀光客很少，我們在傍晚細雨中去聖母院大教堂（Cathédrale Notre-Dame de Reims），雨中打著燈的教堂光影迷離，美得不可思議。進入教堂內，竟然全教堂除了我們外只有另一人，再加上賣教堂紀念品的人員，和多年前夏天來遇到好幾團觀光客的情狀大不相同。旅行時心境最重要，能靜下心來才能窺得旅行的真趣。

漢斯大教堂是建構法蘭西王權最重要的地方，從西元四九八年法蘭克的一代國王克勞維（Clovis Ier）在此接受主教的洗禮後，這裡就成為歷代法蘭西國王接受加冕之地。最有名的一次是聖女貞德（Jeanne d'Arc）為查理七世（Charles VII）的加冕，加冕儀式後會用到香檳，也使得香檳成了代表皇家的飲料，路易十四甚至明文指定香檳為御用之酒。

這回決定來漢斯，目的是好好吃一些香檳區的菜和喝香檳。一般人可能覺得那裡喝不到香檳，非得到產地不可？大家有所不知，香檳那裡都買得到，香檳區的香檳酒雖然比巴黎的酒鋪便宜些，但也不必為買酒前來，真正有差別的是在餐館、酒館、咖啡館中喝香檳，因為這些香檳區的店主為了推廣香檳，往往會訂出比巴黎便宜一半以上的價格。

像我坐在漢斯歌劇院（Opéra de Reims）對面華麗極了以新藝術風格聞名的Café du Palais，餐單上有各家香檳酒廠的香檳酒，起碼有二十家，每一瓶香檳在餐館內開瓶都只要五十八歐元，餐館可是一流的，賣五十八歐元的香檳是不準備賺錢的。

冬天雖然很冷，卻比夏天更適合喝香檳，因為天冷，氣泡反而比較冷凝，不像夏天那麼容易變熱揮發，再加上冬天口中的溫度也比較低，反而更能品嘗出香檳細緻的風味。天冷喝香檳，身體也比較不會上熱，喝時比夏天舒服多了。

此外，香檳可以搭配的食物，也以冬天的食物居多，像法式海鮮冷盤，不管是吃半打一打生蠔、龍蝦、螯蝦、扇貝、螃蟹，也是冬天比夏天好吃。開一瓶香檳，慢慢喝、慢慢吃各種海鮮拼盤，真是幸福。

香檳區的食物一向以精美細緻著稱，這裡的河鮮、蔬果的品質很好，因為漢斯很富裕，加上賣酒買酒的人通常都是很懂食物的人。漢斯有不少有名的餐館，像Boyer飯店就以龍蝦和松露料理聞名。

這回在漢斯，我打定餐餐喝香檳，過足香檳癮，試了很多搭配，都覺得香檳比一般白酒好配，像我很愛吃的韃靼生牛肉，因為會加酸豆、洋蔥、辣汁、黑醋，並不好配白酒，配啤酒卻太粗糙，配香檳卻很好。

香檳也很配奶汁料理，像用香檳煮鱈魚、河鱸、梭子魚加奶汁，配香檳就很爽口，也只有香檳區才真正敢用香檳當料酒，因為這裡有不少香檳合作社能提供豐富物廉的香檳選擇。

香檳也很適合香檳區出名的酥皮料理，各式小酥皮點心，都做得很精巧，搭香檳也比白酒適合，我還發現香檳也很配馬卡龍甜點，馬卡龍的口感很細緻，一咬就在口中溫柔地脆散的感覺，天生很配會有細緻的氣泡在口中滾動的香檳。

還吃了幾次以香檳做成的冰淇淋，冬天吃冰淇淋不是需要而是想要，吃來別有風味，但冬天吃過冰淇淋後，一定要喝杯熱咖啡，否則離開餐館走到外面天寒地凍會受不了。

香檳區食物的手工很細緻，只要想到這裡的人連在教堂石塊上都能打造那麼柔美纖細的皺摺，換成在麵皮上做花樣當然不是難事。香檳區是了解法蘭西精緻文明的核心，但法國亦有脫離精緻法蘭西文明的需要，去普羅旺斯或西南則是逃離法蘭西。

問問阿爾薩斯人

我們四、五年級這代的人，都曾在中學時讀過法國作家都德（Alphonse Daudet）寫的《最後的一課》（*La Dernière Classe*），關於阿爾薩斯省從法國手中被交給德國的國殤故事，然而阿爾薩斯後來又重回法國之手，則是長大後才知道的事。

這些年，我在世界各國認識的法國人之中，竟然以來自阿爾薩斯省的人最多。起先我並未注意到這個現象，之後才慢慢發現這些浪跡海外的阿爾薩斯人，譬如在紐約打下一片餐飲江山，被《富比世》雜誌選為全世界最會賺錢的名廚尚・喬治（Jean-Georges Vongerichten），他所做的料理強調國際混合與創新，走的並非法國傳統的烹調技藝。他很早就到亞洲、美洲打天下，說一口好英文（比大部分法國人好），娶的太太是韓裔，強調自己是世界廚師而非只是法國廚師。

後來又認識在台北亞都麗緻飯店的主廚，也是阿爾薩斯人，會說法語、德語、英語，娶了個台灣太太，讓孩子上中文小學，因他覺得中文最難學，而他的小孩如今已經會說四種語言了。這位姓名帶著濃濃德國味道的法國人，一直自覺他身上流著法國與德國的雙重文化影響，也一直在平衡及掌握這兩種文化的優點，譬如說因為阿爾薩斯人是法、德雙語，學起英語就比大部分法國人容易，而法國文化重視美學及歡愉的特質，就使阿爾薩斯省的德國風料理比德國菜好吃多了。

夏天在阿爾薩斯旅行，去了史特拉斯堡（Strasbourg）、科爾瑪（Colmar）等地方，聽在耳中的都是濃濃德語影響的法文。建築是德國風的尖頂、黑木條、彩色泥牆等等，食物也是酸白菜、鹹肉腸、豬腳等等，街上的觀光客竟然大部分都是從德國邊境那邊來一、兩日遊的德國人。

阿爾薩斯風情很德國化，但當地人並不會在政治上認同德國人，數百年來阿爾薩斯在德法民族主義的爭鬥中留下了太多的傷口，如今史特拉斯堡的老區中還有明顯的小法蘭西風區及大部分的德風區（或政治正確地稱之為阿爾薩斯本土風格），更有趣的是當地人的姓名，叫法蘭索的或叫赫塞的，一聽或許就可猜出取名者的文化認同傾向。

阿爾薩斯的政治屬性當然隸屬法國，但當地人的文化認同卻明顯與法國，尤其巴黎保持距離，過去史特拉斯堡一直不願意和巴黎之間建TGV高速鐵路，據說目的也是不想和巴黎太近，不想受巴黎價值、巴黎文化太多的影響。

我在史特拉斯堡時，突然覺得阿爾薩斯人的矛盾和台灣人很像（我認識一個在台灣做科學研究的阿爾薩斯人也一直這麼表示），都是在歷史夾縫及文化過渡擺盪不安的人，但阿爾薩斯選擇結合法德文化優點的發展路徑，使得阿爾薩斯地方經濟的富裕與文化的昌盛兼行。阿爾薩斯人後來不會爭論該說法語官方語言，還是德語（鄉土語言），他們可以選擇兩種都說，並且還愛學英語（阿爾薩斯人的英語水準普遍高於其他法國人）。

如今史特拉斯堡成了很有趣的城市，交通、市政有德國式的效率，飲食、文化有法國式的創意，城市比許多法國城市對外國人開放，卻比大部分德國城市要閒逸甜美。

歷史的矛盾、文化的兩難都是負面的情緒，台灣或台北只有走出混合雙贏的路才有前途。問問阿爾薩斯人吧！

阿爾薩斯味覺之冬

在巴黎辦完公事後，還留下近一周的時間，也許是在巴黎的Brasserie Lipp吃阿爾薩斯菜吃出了癮頭，就決定搭TGV去阿爾薩斯重溫舊夢一番。

我上回去阿爾薩斯，當時從巴黎東站還沒有TGV直通歐盟議會所在地的史特拉斯堡，原來是因為阿爾薩斯省民屢屢在公民投票時否決了高鐵的興建，理由是不想縮短和巴黎的車程距離。這種心態當然跟歷史上屢屢做兩面不放心的夾心人有關，我有個史特拉斯堡的朋友就對我說，現在阿爾薩斯人的肉體是屬於法國的（在法國國境內），腦子卻屬於德國（這裡人的種族特性較接近德國人），但靈魂卻誰都不屬於，只屬於阿爾薩斯。

冬日太冷，並不適合拜訪酒鄉，數年前十二月我曾去史特拉斯堡和科爾瑪過冬，這一回重返阿爾薩斯也是想回憶上一次旅程，因為喜歡聖誕節的人一定不要錯過史特拉斯堡的十二月聖誕市集，在史特拉斯堡的大教堂（Cathédrale Notre Dame de Strasbourg）前會擺上兩百多個攤子，賣各種聖誕飾品、服裝、玩具、農產品、糕餅、巧克力、酒等等，在將近一個月的時間內，天天都有活動，像大教堂音樂會、教堂廣場上木偶戲、夜晚的煙火會、穿中世紀服飾的遊行等等，遊客都可以參加，簡直是北方的嘉年華會。

為什麼要在十二月辦嘉年華會？表面上是宗教節目，慶祝耶穌誕生，其實是歲時活動，基督教宣稱耶穌的生日剛好在重要的天文節日冬至後，冬至是北半球白晝最短、黑夜最長的一日，這個白日縮短現象從十一月下旬到十二月下旬就一直在進行。整個十二月北半球高緯度地區（如阿爾薩斯），每天早上不到八點看不到天亮，下午四點不到天就黑了。住在北方高緯度地區的人，十二月天天面對著又濕又冷的天氣，心裡也鬱悶起來，這時又是農閒的日子，如果天天不出門待在家裡是會產生冬日憂鬱症的。但光鼓勵大家去教堂崇拜主兼散心也不見得有效，還不如在大教堂前擺攤賣東西，弄點五彩繽紛、燈火通明，加上唱歌、跳舞、演戲、吃喝等等，整個十二月的憂鬱不知不覺就度過了，又可以增加地方的商業活動，商人口袋裡麥克麥克，這一套聖誕節大消費可說是自古以來物質與精神雙贏的設計。

我到每個城市，都會有一份必吃必喝名單，在史特拉斯堡的清單上寫著的首選即吃鵝肝配麗絲玲白酒（Riesling），接著是酸白菜、火腿肉、培根、豬頰肉、豬大排、豬小排、大小香腸等等。阿爾薩斯以擅長處理豬肉出名，還會尊稱豬為豬大爺，像中國人吃豬肉一樣會把肉品分各種部位精心烹飪，也擅長製香腸。我平常是不愛吃西方一般無味的香腸，但阿爾薩斯香腸除外，因為肉味十足，口感又佳。接著是吃蝸牛，一般人以為勃艮第蝸牛正宗，卻不知吃阿爾薩斯葡萄葉長大的蝸牛滋味更新鮮。名單上還有吃阿爾薩斯的燉鰻魚，因阿爾薩斯水路充沛，河鮮料理自然豐美，做法多是用白葡萄酒加各式蔬菜高湯清燉。這裡吃魚都連魚頭一塊吃，很對華人的胃，常吃的魚有各種淡水魚，像鮭魚、鯉魚、梭子魚、鱒魚、鱸魚、白斑狗魚等等，一般人都知道阿爾薩斯有酸白菜什錦豬肉盤，卻少人知道這裡的酸白菜什錦魚肉盤也很有名。

日人常說味覺之秋，我卻愛阿爾薩斯的味覺之冬。

冬日南錫

我來到了被稱為甜蜜的洛林區（Lorraine）的南錫（Nancy），這個屢屢被我錯過的城市。來來去去法國三十幾回了，大部分的地方都跑遍了，鄰近洛林的香檳區和阿爾薩斯區也去過好幾回，怎麼就遺漏了南錫？

這一回臨時在巴黎想出外走走，就想到了不妨來洛林看看，沒想到心中並沒有特定計畫的我們，卻遇上了發源於南錫正在舉行的新藝術（Art Nouveau）大展。從南錫美術博物館（Musée des Beaux-Arts de Nancy）到市政廳，都在展示新藝術大將艾米爾·蓋勒（Émile Gallé）和多姆（Daum）兄弟充滿了花草、昆蟲等美麗的流線造型的家具，玻璃、燈具、雕刻等等工藝作品。

我也沒想到南錫是如此美麗的小城，小小的地方竟然有三座廣場榮登世界文化遺產，其中最精采的是以南錫國王斯坦尼斯拉斯（Stanislas）命名的美得不可思議的洛可哥式的廣場。站在廣場中間，會忍不住為人類可以創造這樣的美景而感動萬分。南錫不是有名的觀光城，卻像個珍貴的寶石般被識貨的人珍惜著，這裡的餐館水準之高令人不可置信。斯坦尼斯拉斯廣場上兩家百年的老餐館，賣的是傳統菜，餐館裝潢美、菜好，還可以喝到別的地方少見的洛林土爾酒區（Côtes de Toul）的酒。這款風味特殊的白葡萄酒就產於離南錫不遠的土爾（Toul）小鎮的葡萄園，用來配洛林本地酥皮派和馬鈴薯豬肉腸和傑哈姆（Gérôme）乳酪特別美味。

因為南錫超乎想像的美好，我們把旅程多延期了三日，可以更放緩腳步品嘗市內更多的好餐館。在法國經濟不太景氣的今日，這個小城仍保持著老錢（old money）的穩定和富庶。當地有很強的中產階級享受生活的傳統，尤其在舊城一帶，周末的豐富早午餐一位難求，食物都很考究，街上的糕餅店賣著最原始的馬卡龍（Macarons），原來風靡世界的馬卡龍蛋白酥不是巴黎原產，而是南錫修道院的傑作。

南錫還有家被喻為法國最華麗的餐廳，即在車站前不遠的Brasserie

Excelsior。這座大廳充滿了新藝術的各種美麗裝飾，從天花板的玻璃到吊燈到家具，置身其中如同在博物館吃飯，菜亦是一流。我去了三回，喝香檳、吃生蠔，再吃法國的夏隆牛肉和薯條。

整個旅程豐富極了，但最讓我念念不忘的是我在洛林小城內去過的好幾家咖啡屋。

去年十二月此地下了好幾場大雪，積雪深至腳踝，就算從洛林火車站到旅館不過十幾二十分鐘的腳程，我也忍不住要分成兩趟來走，總是在路過一間從門外望進去閃耀著燈火、充滿了溫暖的光芒又晃動著人影的咖啡屋，我就受不了吸引地推門進去。下雪的冬日能走進任何一家陌生的咖啡屋都是世界上最幸福的事，如果咖啡屋中還有壁爐正燃燒著柴火就更美妙了，這樣的咖啡屋比大教堂的彌撒更能慰藉異鄉旅人的心靈。在這些咖啡屋內，我都會叫上一杯熱紅酒，每家的味道都會有些細微的差別，根據肉桂、八角等配方的不同，但卻一樣好喝，撫慰身體，並且讓精神愉悅。

太講究葡萄酒是否高級的人，是不會懂得熱葡萄酒的價值就在於用最平凡的餐酒做出提升靈魂的飲料。熱葡萄酒是歐洲北方城市冬日代表耶穌熱血的飲料，沒聽過富人進天堂比駱駝穿針眼更難嗎？一杯三歐元的熱葡萄酒可能更適合天堂吧！

短短幾日的南錫行，讓我愛上了這個小城，竟然興起了想在這裡住一陣子的幻想，舊城有許多兩層樓的石頭洋房，配上小小的花園，看了路邊的地產資料，竟然也不貴。

但待在這能做什麼呢？一會夢就醒了，但旅途中偶爾面對一個陌生的地方突然有墜入情網之感也不錯。

突然愛上城市比愛上人簡單多了，就算離開了，隨時可以再回來探望。

南錫，再見了！

阿爾比的羅特列克

全世界唯一以教派命名的地方，只有在法國西南部的小鎮阿爾比（Albi）。阿爾比教是中世紀基督教世界中的一支異教，教義源自原始基督教，相信宇宙二元論，認為光明之神和黑暗之神同出一源，也相信輪迴，教義主張人類降身世界的目標是為了靈魂不斷地淨化，因此主張禁慾、素食、清貧、自我奉獻。

阿爾比教派（也可稱之為淨化教派）的主張，一直頗吸引我，我雖然做不到，但靈魂卻仍有所嚮往，因此對於中世紀時羅馬教廷視阿爾比教派大逆不道，發動北方各地的十字軍戰士到處圍剿信徒，最後大舉攻下了阿爾比教派最後的信仰堡壘阿爾比小鎮，把信徒都送上了火堆燒死，結束了阿爾比信仰的流傳感到惋惜。

為了彰顯羅馬教廷的勝利，教皇下令在阿爾比鎮上蓋一所中世紀最輝煌的大教堂（Cathédrale d'Albi），除了顯威風外，也有警示作用，讓鎮上的居民隨時記得誰才代表有勢力的宗教權威。

所有熟悉歐洲中世紀老城的旅行者，都知道城內最大的教堂一定都蓋在老城中心，因此下了火車站要走向老市區中心，只要跟隨著教堂的尖塔就成了。

但來到了阿爾比，旅人可不能這樣，輝煌壯觀的大教堂蓋在老城的邊緣，而且還倚著河，一看就知是為了戰略地裡的考量。教皇並不信任剛被鎮壓的阿爾比居民，教堂自然不能離老城太近，更何況老城中心原來就有一所樸素隱密風格的中世紀老教堂了。

這所彰顯教廷榮光的「新」大教堂，蓋在中世紀的老城旁，的確有點格格不入，好像中世紀的農夫披著皇帝的華麗的袍子般。這是一所令我不安的大教堂，一點都沒有寧靜神聖的氣息，教堂聖壇上有著名的最後審判圖，這也是一般教堂不會看到的，圖中詳細地畫了上帝、人間、地獄三界圖，在地獄圖中出現了各種青面獠牙、形銷骨立的魔鬼被火焚水淹、刀割的受難圖。

因為阿爾比的地位重要，因此派來親管的人直接隸屬教皇，是層級很高的主教，他在大教堂旁蓋了宏偉堅固的宮廷堡壘，還有出入河道的碼頭，阿爾比若有不對勁，主教就可以從河上逃走。這所宮殿如今是出生於阿爾比的畫家羅特列克（Henri de Toulouse-Lautrec）的美術館。

光看羅特列克的名字，即顯示他出生不凡，他的姓土魯斯和法國西南大城土魯斯相同，因為在中世紀西南這一帶是屬於土魯斯公爵的領地，而羅特列克即土魯斯公爵的直系後代。

土魯斯公爵當年對阿爾比教派很同情，因此一直採取寬容政策，也讓阿爾比教派在法國西南部得以壯大。對此，羅馬教皇一直很不滿，但土魯斯公爵是法蘭西國王的親戚，有政治後台靠山，才得以自做主張。

土魯斯公爵對異教、異文化及藝術的寬容與提倡，也形成了今日法國西南部仍是一塊多元文化混合的屬地，羅特列克的祖先中流著這樣的基因，也許正能解釋他在繪畫中所表達出來的詭異、扭曲、魔幻的世界。

羅特列克死後，他的母親本來要把他所有的遺作捐給巴黎，沒想到卻遭到當時還很保守的巴黎沙龍畫派人士反對，後來阿爾比市政府才決定移用主教官邸做為美術館的基地。

這不是歷史的反諷嗎？當年羅馬教廷鎮壓住阿爾比後，土魯斯公爵失去了阿爾比，當年是宗教的保守勢力贏，但沒想到在幾百年後，土魯斯公爵的後代的藝術作品卻住進了主教的屋子。

這場宗教與藝術的戰爭中，羅特列克代表的藝術反動勢力贏得了領土。看看羅特列克畫作中的那些人，都是隔壁大教堂中主張應當在地獄中受審判的人。

羅特列克美術館設在阿爾比，真是太有趣了。

第戎的十字軍歷史美味

認識一位出身巴黎老派世家的朋友，曾告訴我他家族的人大多喝勃艮第葡萄酒，很少喝波爾多葡萄酒，為什麼？因為有些傳統法國人，至今仍覺得勃艮第酒才是正宗的法國葡萄酒，波爾多酒因為長期掌握在英國人手裡管理，雖然品質穩定，卻也少掉了隱藏的法式韻味。

勃艮第酒瓶形狀圓渾，彷彿法國中老年男人挺了個大肚子，波爾多酒瓶則挺直修長，很像英國紳士努力維持的身材。如今多數世人都比較欣賞英國紳士般的波爾多酒，因為英國人曾有日不落帝國，比較會做生意，波爾多酒賣到全世界，但大部分勃艮第酒卻留給法國自家人享用。

勃艮第離巴黎很近，早年巴黎的酒館、餐館、咖啡館賣的平價餐酒以來自勃艮第的最多，巴黎人愛喝的開胃酒黑醋栗白酒（Kir），也是學自勃艮第。巴黎傳統餐館的經典菜色也大多以勃艮第名菜為主，例如勃艮第焗蝸牛、勃艮第紅酒牛肉、勃艮第紅酒雞等等。喝葡萄酒是要配菜的，所謂地酒配地食，勃艮第一向被認為是法國傳統菜的家鄉，也因此勃艮第酒鄉首府的第戎當然也成為法國人心目中的美食聖地。

從巴黎坐高鐵去第戎（Dijon）不到兩小時，當天即可來回，但我總喜歡在那待上三、四夜，慢慢逛慢慢吃，對我而言所謂的慢食，絕不只是食材要慢慢種出來，食物要慢工烹調，品嘗時要慢條斯理，連吃飯前後的時光也要悠悠閒閒，急急忙忙趕美食行程之事我絕不做，從這些定義來看，第戎可說是非常理想的慢食小城。

第戎很小，從火車站出來漫步十來分鐘即到小城中心，在大教堂、市政府旁就是有名的第戎傳統市場。做為美食聖地的首要條件一定要有市中心的好市場，自從巴黎的大市場遷走後，讓巴黎的美食水準下降不少，有美食意識的市民與小館是不可能靠超市過日子的，第戎的中央市場夠大，東西夠多，從琳琅滿目的本地特產各色第戎芥末醬與本地香料火腿凍、香料香腸、香料麵包，當然還有各類的勃艮第葡萄酒、黑醋栗甜酒等等。

第戎的歷史在法國頗悠久，在西元一至三世紀是古羅馬帝國高盧羅馬行省的殖民地。第戎是勃艮第地區的重要經貿城鎮，也因此早在西元四世紀，第戎附近已有販賣葡萄酒的莊園，在中世紀時，勃艮第大公爵更是家大業大直逼法蘭西國王的大諸侯。

第戎不具海上絲路的優勢，如何在中世紀時起家興業？原來是靠十字軍東征，既然香料，絲織品不來家門前，那就自己去搶。世人有海盜之稱，十字軍乃陸盜，法國北邊一直到今日比利時（即法蘭德斯）有許多富裕的城鎮，如里爾（Lille）、蘭斯、梅斯（Metz）、第戎、根特（Gent）、布魯日（Brugge）等等，都發過十字軍東征之財。

第戎有名的香料麵包（Pain d'épices），內有荳蔻、茴香、肉桂等香料，據說是勃艮第的十字軍騎士從君士坦丁堡帶回來的中國宋代甜糕，畢竟中亞絲綢商人做買賣也不會忘記了吃中國美食，再把中國美食帶回去當手信。

第戎的各種古老名菜都讓我憶起江浙酒鄉的食物，譬如勃艮第焗蝸牛，在江浙吃的是同樣大小的醬油大田螺；第戎的紅酒蛋包，江浙人也吃黃酒煮蛋包（台灣人則吃麻油米酒蛋包）；香料火腿凍和我父親做的火腿凍、豬肉凍很相像；勃艮第紅酒雞在江浙則會做成杭州黃酒雞；勃艮第的白酒燴河魚，在江浙則做成了黃酒燴河魚；第戎有名的紅酒煮西洋梨，在江浙則是吃酒釀冰糖燉水梨。勃艮第美味和江浙美味頗有異曲同工之趣。

法國人認為和神聖羅馬帝國及高盧都有點關係的第戎，菜餚代表正宗的法國飲食。其實全天下的正宗都非正宗，端看從哪個歷史點來看，歷史悠久的地方，早把異國文化的影響內化成自己的傳統，留給後人對美味歷史抽絲剝繭的樂趣。

盧昂的女人

來到了《包法利夫人》（*Madame Bovary*）故事背景的諾曼第古城盧昂（Rouen）的我，走進了一家專賣舊照片、明信片、錢幣、郵票的小店，看著牆上掛著十九世紀照片中的盧昂女人，個個都很豐腴，頗像雷諾瓦（Pierre-Auguste Renoir）筆下的女人。包法利夫人想必不會太瘦。

直到今日，盧昂女人仍然比大部分的巴黎女人要豐滿，只要想想這裡的鄉土食物以奶油、奶酪、牛肉、鴨鵝為主，這些美味食物吃入了身體內，全身都充滿了熱量。但盧昂這樣的地方，生活挺簡單的，想想像包法利那樣布爾喬亞的女人，不需操勞體力，百無聊賴過日子的她，怪不得會想往花都跑。

寫包法利夫人的福樓拜（Gustave Flaubert），出生於保守的中產階級家庭，對主流的社會有嚴重的適應不良症，因此曾說過「包法利夫人就是我」的福樓拜，寫下這名充滿生命原慾，卻被困在盧昂沉悶、拘禮的生活中，藉著閱讀愛情小說來打發無聊，卻反而更激起她嚮往巴黎才會有的波希米亞愛情。

走在今日的盧昂古城中，仍然會覺得這裡和巴黎是如此的不同，這裡仍是中產價值至上的地方，街道乾淨、人們勤勉工作，古老的硬木條紋建築像刀割般地掛在中世紀的木頭房子上。城裡喜歡收藏舊東西的人想必不少，到處可見賣高檔的古董畫、家具、水晶燈、瓷器的店家，但較奇特的是更多賣便宜的舊洋娃娃、泰迪熊、勳章、雜貨的小店。這裡的人對舊東西這麼愛擁有，可能和日常生活中的情感貧乏有關，必須靠舊物件來投射感情。

豐裕的飲食恐怕對盧昂人也有情感慰藉的力量，我在市集廣場上的百年老店用餐，吃鹽煮小牛頰肉、蘋果酒燴鴨、燒酒燒煮奶油蘋果，滋味比巴黎的諾曼第料理要真實太多了，吃完後人真的會很放鬆，肚子飽飽的也就忘了這個老城可做的事真的不多。

市集廣場上有座聖女貞德的教堂（Église Sainte-Jeanne-d'Arc），就蓋在貞德昔日被當成女巫燒死的火堆遺址上。這位如今被法國人視為聖女的揭竿起義反英者，當年被當成瘋子，盧昂人的祖先在市政府旁美麗的聖旺大教堂（Abbatiale Saint-Ouen）內判她是女巫。

如今聖女貞德卻成為盧昂的象徵，盧昂人為紀念她的受難立了大教堂來瞻仰崇敬她，我突然想到福樓拜在寫《包法利夫人》時，不知是否想過盧昂這個城市所代表的女性受難的本質。貞德是聖女，但包法利卻是罪女，包法利夫人因通姦而自覺有罪，用一死了之來逃避當時的社會倫理的指責，也等於是被迫站在輿論的火堆上被焚。

貞德有大教堂立碑，包法利夫人只存在於福樓拜文學迷的心靈地標中，但當我走在盧昂的大街小巷中時，卻覺得包法利雖是小說中的虛構人物，但卻更像眼前的女性，貞德雖是歷史人物，但本質卻是女性的神話。

貞德是處女，包法利夫人是慾女，兩個盧昂的女性象徵，卻恰好拼出了永恒的女性神聖或罪惡的原型。

éna
PIZZA
CRÊPE

ELEVENPARIS
OTAGO

CARTAU

看世界的方法198

與巴黎出了軌

文字　韓良露
攝影　朱全斌

封面設計　謝佳穎
內頁排版　舒辰琳
責任編輯　林煜幃

董事長　林明燕
副董事長　林良珀
藝術總監　黃寶萍
執行顧問　謝恩仁

社長　許悔之
總編輯　林煜幃
主編　施彥如
美術編輯　吳佳璘
企劃編輯　魏于婷
行政助理　陳芃妤

策略顧問　黃惠美・郭旭原・郭思敏・郭孟君
顧問　施昇輝・林子敬・謝恩仁・林志隆
法律顧問　國際通商法律事務所／邵瓊慧律師

製版印刷　中茂分色製版印刷事業股份有限公司

出版　有鹿文化事業有限公司
地址　台北市大安區信義路三段106號10樓之4
電話　02-2700-8388
傳真　02-2700-8178
網址　www.uniqueroute.com
電子信箱　service@uniqueroute.com

總經銷　總經銷紅螞蟻圖書有限公司
地址　地址台北市內湖區舊宗路二段121巷19號
電話　電話02-2795-3656
傳真　傳真02-2795-4100
網址　網址http://www.e-redant.com

ISBN：978-986-06823-2-8
初版：2021年9月
定價：350元

國家圖書館出版品預行編目(CIP)資料
與巴黎出了軌 /
韓良露著. —初版. — 臺北市：
有鹿文化, 2021.09
—(看世界的方法；198)
ISBN 978-986-06823-2-8(平裝)
1.遊記 2.旅遊文學 3.法國
742.89　110012791